《苏州通史》编纂委员会 ◇ 编

苏州通史

图录卷（上）

徐刚毅 徐苏君 ◇ 编著

学术总顾问

戴　逸

学术顾问

李文海　张海鹏　朱诚如　汝　信
茅家琦　段本洛　熊月之

总主编

王国平

苏州大学出版社
Soochow University Press

图书在版编目(CIP)数据

苏州通史.图录卷.上/《苏州通史》编纂委员会编；徐刚毅,徐苏君编著.—苏州：苏州大学出版社，2019.3

ISBN 978-7-5672-2513-8

Ⅰ.①苏… Ⅱ.①苏… ②徐… ③徐… Ⅲ.①苏州—地方史－图录 Ⅳ.①K295.33

中国版本图书馆CIP数据核字(2018)第270184号

苏州通史　图录卷(上)

编　著	徐刚毅　徐苏君
篆　刻	陈道义
责任编辑	李寿春　苏　秦
装帧设计	唐伟明　吴　钰
出版发行	苏州大学出版社
地　址	苏州市十梓街1号
邮　编	215006
电　话	0512-67481020　65222617(传真)
网　址	http://www.sudapress.com
邮　箱	sdcbs@suda.edu.cn
印　刷	苏州工业园区美柯乐制版印务有限责任公司
开　本	787 mm×1 092 mm　1/16　印张 27.75　字数 260 千
版　次	2019年3月第1版 2019年3月第1次印刷
书　号	ISBN 978-7-5672-2513-8
定　价	180.00元

版权所有　侵权必究

序

在苏州市委、市政府领导和市委宣传部的组织实施下,经过长达十年的努力,皇皇16卷本的《苏州通史》即将出版,实在可喜可贺。

盛世修史,是中华民族的优良传统。伴随着经济的发展和社会的进步,2002年8月,党中央、国务院郑重做出了启动国家清史纂修工程的重大决定。在国家清史纂修工程的成功示范下,不少地方政府也开始组织力量,对本地区的历史文化进行深入挖掘和梳理,编纂区域性通史即是其中的重要途径。

苏州是我国重要的历史文化名城,在2 500多年的发展史上,苏州先民创造了光辉灿烂的地方文化,成为中华文化的重要组成部分。宋代以来,苏州就有"人间天堂"的美誉。明清时期的苏州,在很多方面都达到了中国封建社会发展的顶峰。当今的苏州,作为改革开放的前沿,在经济、社会和文化诸方面都取得了令人瞩目的成就,综合实力位居全国前列。深入挖掘苏州的历史文化内涵,总结苏州发展的得失成败,是历史赋予当今苏州人的光荣使命。《苏州通史》在这种背景下应运而生。

十年来,在苏州市委、市政府和市委宣传部的大力支持下,总主编王国平教授带领课题组的数十位专家学者,心怀高度的历史责任感,反复切磋,努力钻研,通力合作,高质量地完成了《苏州通史》的撰写,堪称"十年磨一剑"。可以说,这部《苏州通史》系统地厘清了苏州发展的历史脉络,全面展现了苏州丰厚的文化积淀,是第一部完全意义上的苏州通史。我认为,这部《苏州通史》不但可以作为苏州城市的文化名片,也可以作为爱国主义教育的乡土教材。

古人云:"鉴于往事,有资于治道。"对于一个国家如此,对于一个地区何尝不是如此。相信《苏州通史》的出版,必将会为苏州的进一步发展提供强大精神力量。

苏州是我魂牵梦萦的家乡。八年前,我曾为《苏州史纲》作序;八年后的今天,又躬逢《苏州通史》出版的盛事,何其幸哉!对于家乡学术界在苏州历史文化研究方面取得的历史性跨越,我感到由衷的喜悦,故赘述如上,谨以为序。

戴逸

2017年10月25日

绪　言

苏州是中国重要的历史文化名城。早在一万多年前,太湖的三山岛就已出现了光辉灿烂的旧石器文化,成为中华文明的摇篮之一。商代末年,泰伯奔吴,带来了先进的中原文化。此后,吴国在此立国。吴王阖闾时期,兴建了吴大城,吴国也渐臻强盛,最终北上称霸。秦汉时期,今苏州地区纳入统一王朝的治理,经过孙吴政权的经营和东晋南朝的发展,到唐代中叶,苏州已经成为中国的经济中心之一。宋元时期,苏州的经济文化得到长足发展。到明清时期,苏州的发展水平已臻历史巅峰,成为全国著名的经济和文化中心,影响直至今日。晚清至民国时期,苏州逐渐从传统走向现代。中华人民共和国成立后,特别是改革开放以来,苏州再度强势崛起,成为当今中国发展最快、率先基本建成高水平全面小康社会的地区之一,创造了新的奇迹。这是苏州历史进程的主要脉络,构成了《苏州通史》的主线。

作为第一部完全意义上的苏州通史,我们希望能够以16卷的体量,系统完整地厘清苏州历史发展的脉络,全方位地展现苏州政治、军事、经济、社会、文化各方面的历史风貌。《苏州通史》撰写所涉及的主要内容与问题说明如下：

一、《苏州通史》的时空界定

1. 时间界定：苏州的历史包括这一区域的史前史。今日苏州所辖吴中区的太湖三山岛,早在一万多年前就出现了旧石器文化,这就成了《苏州通史》的起点。《苏州通史》的时间下限为公元2000年,《图录卷》两卷少数图片在时间上有延伸。

2. 政区空间界定：兼顾政区空间的现状与历史,以现行行政区域为基准,详写；历史行政区域超越现行行政区域部分,在相关历史时期中略写。

二、《苏州通史》的体例

参照中国传统史书编撰体例,借鉴国家清史纂修工程的《清史》主体设计,《苏州通史》主体部分为导论以及从先秦至中华人民共和国时期的历史(分为若干阶段的断代史),另设人物、志表、图录等三部分。人物、志表、图录中的内容是对通史部分相关内容的补白与补强。

《苏州通史》共分16卷。第1卷为导论卷,第2卷为先秦卷,第3卷为秦汉至隋唐卷,第4卷为五代宋元卷,第5卷为明代卷,第6卷为清代卷,第7卷为中华民国卷,第8卷为中华人民共和国卷(1949—1978),第9卷为中华人民共和国卷(1978—2000);第10卷为人物卷(上),第11卷为人物卷(中),第12卷为人物卷(下),第13卷为志表卷(上),第14卷为志表卷(下),第15卷为图录卷(上),第16卷为图录卷(下)。

三、"导论卷"的结构与内容

"导论卷"为丛书首卷,包括苏州历史地理概要、苏州史研究概述以及苏州史论三个部分。

"导论卷"上篇为苏州历史地理概要。在对苏州各历史时期地理环境要素演变做分期分类的基础上,重点对苏州历史沿革地理和苏州历史自然地理演变做概要性叙述,主要包括苏州历史气候与生态变迁、苏州地质与地貌变迁、苏州古城水道变迁、苏州历史建置沿革以及苏州城池防务沿革。

"导论卷"中篇为苏州史研究概述。《苏州通史》是学术界业已取得的研究成果的集中体现。对于苏州各个时期历史的研究,学术界已有或多或少的成果,并以著作、论文等为载体展现世间。《苏州通史》的作者们充分关注和汲取了这些宝贵的学术营养。"导论卷"的苏州史研究概述,分别列举并适当评述了先秦、秦汉至隋唐、五代宋元、明代、清代、中华民国、中华人民共和国等历史时期苏州史的研究成果。

"导论卷"下篇为苏州史论。按照通史的体例,正文中不可能就论题展开详细的专题性论述,这些相关论述即构成了"导论卷"下篇的苏州史论。这些专题论述有:《春秋吴国国号及苏州城市符号的"吴"及其溯源》《秦汉至隋唐时期吴城所辖行政区域及政治地位的变迁》《五代宋元时期来苏移民问题》《明代苏州地位论纲》《晚清苏州的现代演进》《民国以降苏州经济社会发展的传统规定性》《人民公社时期苏州农村社队工业的兴起与发展》《改革开放时期苏州经济发展

绪　言

四、自先秦至中华人民共和国各卷的章节体系

自先秦至中华人民共和国各卷是通史的主体,分为8卷断代史。各卷采用纵横结合的结构,根据本卷所跨时段的政治经济发展状况,划分若干客观发展阶段为若干章,主要写政治、军事、经济状况;另设社会一章,主要写整个时段苏州人口家族、宗教信仰、民风节俗等;另设文化一章,主要写科学技术、教育、文化艺术等。这样,以"X+2"模式架构和贯通8卷断代史。

自先秦至中华人民共和国共8卷的章节体系,展示了苏州历史进程的主要脉络,体现了《苏州通史》的主线。各卷设章如下:

先秦卷　第一章,远古文明;第二章,泰伯南奔与立国勾吴(泰伯至寿梦);第三章,从徙吴至强盛(诸樊至吴王僚时期);第四章,"兴霸成王"与吴大城建筑(阖闾时期);第五章,从称霸到失国(夫差时期);第六章,战国时期的吴地;第七章,吴国社会状况;第八章,吴国的文化。

秦汉至隋唐卷　第一章,秦汉时期的苏州;第二章,六朝时期的苏州;第三章,隋唐时期的苏州;第四章,秦汉至隋唐时期的苏州社会;第五章,秦汉至隋唐时期的苏州文化。

五代宋元卷　第一章,五代苏州从混战走向稳定;第二章,北宋苏州的稳固与发展;第三章,南宋苏州的复兴与繁华;第四章,元代苏州的持续发展;第五章,五代宋元时期苏州的社会组织与社会生活风俗;第六章,五代宋元时期苏州的文化。

明代卷　第一章,洪武时期苏州社会恢复性发展;第二章,建文到弘治时期苏州社会持续性发展;第三章,正德到崇祯时期苏州社会转型性发展;第四章,明代苏州社会生活;第五章,明代苏州文化。

清代卷　第一章,恢复、发展与繁荣(顺治至乾隆年间);第二章,衰退与剧变(嘉庆至同治初年);第三章,变革与转型(同治初年至宣统年间);第四章,社会风貌;第五章,文化成就。

中华民国卷　第一章,民初情势;第二章,革命洗礼;第三章,近代气象;第四章,战争浴火;第五章,社会生活;第六章,文化教育。

中华人民共和国卷(1949—1978)　第一章,向社会主义过渡;第二章,全面探索的十年;第三章,"文化大革命"的十年内乱;第四章,在徘徊中前进的两年;第五章,社会变迁;第六章,文教、卫生事业的曲折发展。

中华人民共和国卷(1978—2000) 第一章,全面拨乱反正和改革开放启动时期;第二章,推进改革开放和加快发展时期;第三章,深入改革开放和现代化建设勃兴时期;第四章,和谐多彩的社会生活;第五章,与时俱进的文化建设。

五、人物、志表、图录各卷的编排

人物卷 《苏州通史》第10—12卷为人物卷(上)(中)(下),所录人物共1 600余人(含附传),包括苏州籍人士、寓居苏州有影响的非苏州籍人士,以及主要活动在外地的有影响的苏州籍人士。所录人物主要按人物生卒年排序。

志表卷 《苏州通史》第13—14卷为志表卷(上)(下),志表合一,分为建置、山川、水利、城市、街巷桥梁、园林、乡镇、人口、财政、职官、教育、藏书、文学、新闻出版、绘画、书法篆刻、音乐、昆曲、评弹、工艺美术、宗教、物产、风俗、古建筑、会馆公所、古迹等共26章。

图录卷 《苏州通史》第15—16卷为图录卷(上)(下),所录历史图片按政区舆图、军政纪略、衙署会所、城池胜迹、乡镇名景、水陆交通、市政设施、农林水利、工矿企业、店铺商社、苏工苏作、园林园艺、科学技术、科举教育、文学艺术、报纸杂志、书法绘画、文献藏书、文化设施、文娱体育、医疗卫生、风俗民情、宗教信仰、慈善救济、人物图像、故居祠墓等共26类编排。各类图片基本按图片内容发生时间排序。图录卷共收录图片2 000余幅,每幅图片均附扼要的文字说明。

《苏州通史》的人物、志表、图录等卷与其他相关的人物传记、方志、专业志、老照片等著作体裁有别,详略不同,其内容取舍取决于丛书的学术需求。

六、苏州元素的体现

苏州通史,所以能区别于其他地区的通史,在于展现了苏州悠久的历史发展过程中形成的历史文化特色,这些特色又是通过其独特的元素来体现的。为此,《苏州通史》的撰写,对历史进程中的苏州元素予以重点关注与剖析。诸如三山旧石器文化、太湖与苏州水系、伍子胥建城、三国东吴、范仲淹与"先天下之忧而忧,后天下之乐而乐"、苏州府学、"苏湖熟,天下足"、"上有天堂,下有苏杭"、吴门画派、吴门医派、昆曲评弹、园林、丝绸、顾炎武与"天下兴亡,匹夫有责"、姑苏繁华、明清苏州状元、苏福省、冯桂芬与"中学为体,西学为用"、苏州洋炮局、东吴大学、社队企业、"苏南模式"、苏州工业园区等,都会在相关各卷进行重点论述。

绪 言

从2007年撰写《苏州史纲》算起,至2010年《苏州通史》立项,再至2018年《苏州通史》付梓,整整十一年。若谓十年磨一剑,绝非虚语。

十余年里,我们怀抱美好的愿望,希望这部《苏州通史》能够成为第一部完全意义上的苏州通史,系统完整地厘清苏州历史发展的脉络,全方位地展现苏州政治、军事、经济、社会、文化各方面的历史风貌。希望这部《苏州通史》能够成为苏州城市的一张靓丽名片,展现苏州历史文化的丰厚积淀,展现当今苏州发展的辉煌成就,也在一定程度上展现苏州社会科学界在本土历史文化研究方面的学术成就。希望这部《苏州通史》能够成为苏州历史文化资源开发利用的一个坚实基础。

为此,《苏州通史》作者力求城市通史体系创新,力求新史料应用及史实考证的创新,力求观点提炼与论述创新,力求《苏州通史》能够达到同类通史的最高水平。

为此,《苏州通史》作者严格把握了保障学术水平的几个环节,诸如开题研讨、专题研讨、结项研讨、书稿外审、总主编审定、编委会审定等。在通史撰写过程中,熊月之、崔之清、姜涛、周新国、范金民、李良玉、戴鞍钢、马学强、张海林、王健、王永平、孟焕民、徐伟荣、汪长根、吴云高、卢宁、邓正发、涂海燕、陈其弟、陈嵘、尹占群、林植霖、张晓旭等专家学者参与了书稿的审阅,并提出了宝贵的意见与建议。

为此,苏州市领导还聘请了全国史学界及相关领域权威学者戴逸、李文海、张海鹏、朱诚如、汝信、茅家琦、段本洛、熊月之等先生担任学术顾问,并聘请戴逸先生担任总顾问。非常感谢他们听取相关事宜的汇报,并不吝赐教。

《苏州通史》作为市属重大社科研究项目,十余年来,得到苏州市委、市政府的高度重视和大力支持。先后担任中共苏州市委书记的王荣同志、蒋宏坤同志、石泰峰同志、周乃翔同志,以及先后担任苏州市市长的阎立同志、曲福田同志、李亚平同志等,都对《苏州通史》的研究编纂工作给予关心、指导和帮助。作为《苏州通史》编纂的主管部门,苏州市委宣传部历任部长徐国强同志、蔡丽新同志、徐明同志、盛蕾同志、金洁同志,历任分管副部长高志罡同志、孙艺兵同志、陈雪嵘同志、黄锡明同志等接续发力,从各方面为《苏州通史》编纂团队排忧解难,提供条件,创造了从容宽松的工作氛围。苏州市委宣传部副部长、市文明办主任缪学为同志和市社科联主席刘伯高同志积极支持项目立项和研究,并从资金等方面提供保障。苏州市委宣传部工作人员洪晔、吕江洋、徐惠、刘纯、刘锟、陆怡、盛征、陈华等同志先后参与了具体组织和协调推进工作。谨此致谢。

《苏州通史》杀青之际,掩卷而思著作之艰辛,能不感慨系之?感慨于《苏州通史》课题组各位同仁十余年来付出的难以言表与计量的刻苦与辛劳,感慨于众多学者专家审读各卷书稿所给评价与建议的中肯与宝贵,感慨于苏州市委宣传部历任领导对《苏州通史》从立项到出版全程的悉心呵护与大力支持,感慨于苏州大学领导从我们承接任务到付梓出版所给予的支持和关心,感慨于社会各界对《苏州通史》方方面面的关注与期待。

历经十余年打磨,《苏州通史》即将面世。果能得如所愿,不负领导希望,不负社会期待,不负同仁努力,则不胜欣慰之至!

王国平

2018 年 10 月于自在书房

目 录

前　言 / 001

第一章　政区舆图 / 003

春秋吴国变迁疆域图｜秦会稽郡郡域图之一｜秦会稽郡郡域图之二｜西汉会稽郡图（局部）｜东汉吴郡图之一｜东汉吴郡图之二｜三国东吴吴郡图｜西晋吴郡图｜隋吴郡图｜唐苏州图｜北宋苏州府图｜南宋平江府图｜元平江路图｜明苏州府图｜清苏州府图｜清江苏省图｜清长江口地形图｜清吴县图｜清长洲县图｜清元和县图｜清昆山县图｜清新阳县图｜清常熟县图｜清昭文县图｜清吴江县图｜清震泽县图｜清镇洋县图｜清太仓州图｜清吴、长、元三县地图｜1950年吴县及太湖行政区地图｜20世纪70年代苏州地区图｜1985年苏州市行政区划图｜2002年苏州市行政区划图｜2010年苏州市市区图｜2000年苏州市古城区遥感图｜宋《平江图》碑｜明苏州府城碑｜清苏州城图｜清苏城全图｜清吴县城区图｜清长洲县城区图｜清元和县城区图｜清常昭县城区图｜清昆山、新阳县城区图｜清震泽县城全图｜清太仓州城图｜太湖全图｜苏市附郭图｜木渎区图｜横泾区图｜蠡墅区图｜善人桥区图｜香山区图｜光福区图｜西华区图｜洞庭东山图｜洞庭西山图｜浒关区图｜陆墓区图｜湘城区图｜南北桥、黄埭二区图｜金墅、东桥二区图｜油泾、五潨泾二区图｜尹山、郭巷二区图｜唯亭区图｜甪直区图｜斜塘、车坊二区图｜章练塘图｜陈墓、周庄二区图｜1948年昆山县乡镇区划图｜清吴江、震泽两县图｜常熟县总图

第二章 军政纪略 / 057

苏州泰伯庙｜季札挂剑｜专诸刺王僚｜要离刺庆忌｜阖闾伐楚｜夫差伐越｜吴越战争图｜勾践灭吴｜春申君治吴｜春申君庙｜秦始皇巡行图｜秦郡县图｜项羽吴中起兵｜愧见江东父老｜秦末农民战争图｜孙策墓｜隋改吴州为苏州｜修拓江南运河｜隋运河图｜鉴真东渡日本｜苏州归属吴越国｜范仲淹在苏州｜元代大运河与漕粮海运线路图｜张士诚据吴｜元末农民起义示意图｜郑和刘家港七下西洋｜任环抗倭｜铁铃关｜木渎敌楼｜胜墩敌楼｜义风千古｜复社在苏州建立｜康熙御批苏州织造李煦奏折｜康熙南巡｜乾隆南巡｜李秀成宝剑｜太平天国在苏州｜太平军东征线路图｜清军攻占苏州｜李鸿章和苏州洋炮局｜青旸地设立日本租界｜南社成立｜地方自治与市民公社｜苏州新军参加秋操｜成立商会｜商团维持社会治安｜苏州和平光复｜江苏巡抚程德全图像｜江苏都督程德全图像｜中国同盟会设立苏州支部｜国民党苏州支部成立｜五四运动在苏州｜声援五卅运动｜中共苏州独立支部成立｜欢迎北伐军｜沙洲农民暴动｜建立中山堂｜沪宁线上迎灵｜"一·二八"淞沪抗战时的苏州｜淞沪抗战阵亡将士追悼大会｜蔡廷锴接受采访｜蔡廷锴将军在苏诗作｜苏嘉铁路通车｜七君子事件｜中国军队抵抗日军侵略｜日军轰炸苏州｜太仓陷落｜常熟陷落｜昆山陷落｜苏州沦陷｜日军铁蹄下的苏州城｜日伪"清乡"｜新四军转战江南｜水乡作战｜新四军东进｜常熟"民抗"常备队｜"民抗"部队医务所｜江南新四军北撤｜吴县抗日根据地示意图｜苏州地区中共组织和抗日武装分布图｜中共党证｜"良民证"｜国民身份证｜进驻苏州的吴县保安团｜惩治汉奸｜陈公博受审｜倪征噢参加东京审判｜人民解放军登陆江南｜渡江战役登陆纪念碑｜解放军进军苏州｜苏州解放｜庆祝苏州解放｜上海解放号列车｜常熟解放｜军管会与政府人员｜庆祝常熟解放｜苏州市民庆祝中华人民共和国成立｜塘桥区群众庆祝中华人民共和国成立｜太湖剿匪｜庆祝建国一周年｜观前街上的五星红旗｜土地改革｜土改动员大会｜走访贫农｜分配财产｜分配生产资料｜土改分田地｜敲锣打鼓去插标｜颁发土地证｜划分阶级成分｜刘少奇给市民来信的批示｜镇压反革命｜保卫世界和平运动｜抗美援朝运动在苏州｜抗美援朝会议｜欢迎志愿军归国代表团｜捐献飞机大炮｜青年参军｜参军报名处｜欢送新兵入伍｜欢送新兵赴朝｜苏州市第三届各界人民代表会议｜苏州市第三届各界人民代表会议协商

委员会全体委员合影｜太仓县各界人民代表会议第三届常务委员会合影｜普选人民代表｜代表倾听意见｜农业合作化运动｜互助组丰产田｜公私合营｜庆祝社会主义改造胜利｜"三反""五反"运动｜常熟"五反"运动｜整风运动｜反右派斗争｜"大跃进"｜农业浮夸风盛行｜宣传总路线｜摆擂台｜成立人民公社｜人民公社化运动｜农村大办公共食堂｜城市大办公共食堂｜大炼钢铁｜宝塔底下建高炉｜研磨缸甏粉｜小高炉遍地开花｜庆祝建国十周年｜党员干部大会｜会议代表座谈｜雷锋事迹展览会｜《毛泽东选集》第四卷出版｜全民皆兵｜打靶归来｜水上射击训练｜上山下乡｜支边知识青年到新疆｜"文化大革命"游行｜"文化大革命"集会｜"破四旧"｜"批斗"大会｜"一·二六"夺权｜迁至城外的"苏州市革命委员会"｜"吴县革命委员会"成立｜全面"武斗"爆发｜"造反派"大联合｜长风厂工纠队｜知识青年"上山下乡"高潮｜知青午餐｜"忠字化"运动｜农村社队讲用会｜农村公社政治学习会｜"一打三反"运动｜"批林批孔"｜普及大寨县｜抗震救灾｜毛泽东主席追悼大会｜庆祝粉碎"四人帮"｜工业学大庆｜平反冤假错案｜周瘦鹃悼念会｜吴县召开群英大会｜苏州市第五次党代会召开｜文明礼貌教育｜学雷锋｜选民登记｜选举人民代表｜分田到户｜家庭联产承包｜奖励亿元乡｜书画家慰问部队｜恢复乡人民政府｜各种供应票券｜振兴吴县经济茶话会｜苏州外向型经济情况介绍会｜吴江市(新加坡)招商洽谈会｜苏州高新区建立｜高新区建设之初｜高新区全景｜苏州工业园区建立｜工业园区建设之初｜工业园区开发航拍图｜园区管委会｜张家港保税区｜张家港经济开发区｜吴江经济开发区｜太仓新区启动建设｜太仓港经济开发区｜常熟经济开发区｜昆山之路｜昆山经济开发区｜吴中经济开发区｜相城经济开发区｜花桥国际商务区｜苏州市各级各类开发区示意图｜庆祝建城2500年｜迎接新世纪来临｜环古城风貌保护工程｜山塘历史街区保护工程｜平江历史街区保护工程｜阊门重建｜阊门历史街区保护｜相门重建｜张家港市成立｜吴江撤县改市｜吴县撤县改市｜吴县市撤销｜设立吴江区

第三章 衙署会所 / 161

苏州府署图｜吴县署图｜长洲县公署图｜元和县署图｜震泽县治图｜昆山县署图｜新阳县署图｜子城(王府基)遗址｜江苏巡抚衙门旧址｜江苏按察使署旧址｜织造署旧址｜北局旧址｜太平天国忠王府｜民

国吴县政府｜元和县衙旧址｜吴江县政府｜吴县城厢第一区区公所｜吴县警察局｜苏州关税务司署｜府前街衙署旧址｜苏州市人民政府｜苏州市人民委员会｜中共苏州地委｜中共苏州市委｜苏州市人民政府｜张家港市委、人大、政府、政协｜常熟市委、人大、政府｜太仓县委、政府｜昆山市委、人大、政府、政协｜吴江市人大、政府｜吴县县委、人大、政府、政协｜金阊区区委、人大｜金阊区政府｜苏州市部分机关｜沧浪区机关｜平江区机关｜金阊区机关｜苏州市机关｜姑苏区机关｜全晋会馆｜武安会馆｜嘉应会馆｜三山会馆｜安徽会馆之一｜安徽会馆之二｜冈州会馆｜岭南会馆｜汀州会馆｜东齐会馆｜宣州会馆｜陕西会馆｜潮州会馆｜江镇公所｜玉器公所｜裘皮公所｜光裕公所｜梓义公所｜培元公所｜徽宁会馆｜济东会馆｜丝业公所

第四章 城池胜迹 / 187

阊门｜金阊古迹｜虎丘山｜普济桥｜万年桥｜灵岩山图｜虎丘山图｜枫桥夜泊｜胥江晚渡｜虎山秋色｜石湖烟雨｜天池石壁｜尧峰积雪｜虎丘夜月｜蟠螭春晓｜灵岩冬霁｜支硎晚翠｜荷荡纳凉｜万笏朝天｜玄妙观｜正山门｜城墙运河｜女墙马面｜平门与梅村桥｜北寺塔与北园｜盘门三景与运河｜瑞光塔与南园｜葑门与东吴大学｜盘门先农坛｜清末虎丘山｜民国虎丘山前｜山塘河通贵桥｜半塘两岸｜虎丘山塘河｜虎丘西山庙桥｜灵岩山寺｜寒山寺｜枫桥｜木渎敌楼｜横塘普福桥｜横塘运河｜常熟虞山城墙｜常熟古城｜昆山城墙与马鞍山｜华藏寺与凌霄宝塔｜妙峰塔｜垂虹桥｜吴江南门｜吴江小东门城墙｜吴江盛家库｜四代一品坊｜太仓水关桥｜致和塘｜伯埙桥｜太仓穿山

第五章 乡镇名景 / 213

石桥夜月｜古寺乔柯｜元泾听潮｜渔沼荷风｜金沙落照｜曲水环山｜阳城渔艇｜青丘野眺｜玛瑙春游｜禊湖秋月｜罗汉晓钟｜鸭栏帆影｜鹤渚渔歌｜揽桥残雪｜江村夕照｜中立晚眺｜圆明晓钟｜锦塘步月｜盛湖市声｜飞阁风帆｜虹桥晚眺｜张墩怀古｜复古桃源｜慈云夕照｜范蠡钓台｜康庄别墅｜普济钟声｜平波夜月｜东山陆巷古村｜光福古镇

第六章 水陆交通 / 227

京杭运河苏州段桥梁与河港｜轿子｜骑驴｜黄包车｜马车｜小汽车｜旅行车｜港口装卸｜三轮运输车｜车水马龙｜城北公路建成｜木帆船｜航船｜轮船｜客运拖轮｜货运拖轮｜沙洲内河港运输｜虞山船闸｜沙洲西界港汽车轮渡｜民国苏州公路｜沪太公路｜公路车队｜苏嘉公路桥｜震泽汽车站｜平望汽车站｜苏福公路｜长途客运汽车｜三轮出租车｜蠡口镇通公交｜东桥镇通公交｜开弦弓村通公交｜宝带公路桥｜苏虞路平门立交桥竣工｜太湖大桥｜沪宁高速公路建设｜2000年苏州市高速公路建设示意图｜修筑沪宁铁路｜清末苏州火车站｜民国时期列车｜20世纪50年代火车站｜20世纪60年代火车站｜苏州火车站｜相门火车站｜吴江火车站｜盛泽火车站｜轨道交通地下建设｜地铁地面建设｜苏州轨道交通｜京沪高铁建设｜张家港开发｜张家港对外开放｜张家港港口｜太仓港港口｜光福机场民航线路开通

第七章 市政设施 / 251

苏州府水道总图｜三横四直图｜苏州城门平面示意图｜1927年苏州城市规划｜1927年苏州城厢干道分期施行图｜苏州城厢道路交通形状图｜筑平门路｜苏州市政筹备处职员摄影｜苏州电气公司｜同里电灯厂｜盛泽电灯厂｜重建彩云桥｜望亭小菜场｜苏州电报局｜石路电报收报处｜观前电报收报处｜苏州邮政局｜观前邮局｜邮运马车｜苏州电话局｜市内电话线路工｜市内电话交换室｜市内电话话房｜常熟电报电话局｜马路拓宽｜经营粪肥｜消防救火｜胥江水厂｜苏州电信局｜苏州电气公司｜马路铺石｜铺设沥青路面｜城市公共汽车｜清扫马路｜推粪车｜电话长途台｜拨号自动电话｜街头电话亭｜投币电话｜磁卡电话｜白洋湾水厂｜煤气厂｜城东污水处理厂｜城市公共汽车｜扫路车｜出租汽车｜城市照明｜住宅建设｜干将路俯瞰｜观前地区整治更新｜观前新貌｜三香路建设｜新建狮山大桥｜望亭发电厂｜常熟发电厂｜解危安居工程｜房屋交易会｜城市抗震｜城市防汛｜平改坡工作｜"古宅新居"改造｜环保监测｜整治河道｜古城区54个街坊示意图｜平门重建｜火车站重建｜环古城河风貌保护｜平江新城开发建设｜沧浪新城开发建设｜金阊新城开发建设｜吴县市市区建设｜常熟市市区建设｜张家港市市区建设｜昆山市市区建设｜吴江市市区建设｜太仓市市区建设

第八章　农林水利 / 289

耙田｜插秧｜打秧孔｜撒秧灰｜水稻育秧｜培育绿萍｜手扶拖拉机｜养猪积肥｜罱河泥｜卷水草｜做泥塘｜开潭｜腾泥｜挑粪肥｜修筑沟渠｜脚踏龙骨水车｜手牵龙骨水车｜植保机械｜农田打药水｜虎丘花农｜水稻收割｜收割油菜籽｜掼稻｜人工甩麦｜削谷｜脱粒机｜新式脱粒机｜风车扬谷｜磨镰刀｜运送水稻｜粮食收购｜粮食入库｜稻谷登场｜送粮出售｜水稻生产现场会｜商品粮基地建设经验交流｜棉花种植｜采摘棉花｜运送棉花｜选棉籽｜棉花晒场｜养鸡场｜购运雏鸡｜运河养鸭｜生猪饲养｜蟹农｜养兔剪毛｜栽桑养蚕｜太湖渔民｜渔船归港｜江苏省海洋渔业公司｜改造山地｜围垦黄天荡｜土地整治｜望虞河工程｜工地运土机械｜浏河水利工程｜解放军支援河工｜太浦河工程｜太仓钱泾河拓浚｜节制闸竣工｜长江防汛｜横山植树｜虞山植树｜虎丘山下铲秧苗｜江南麦苗青｜油菜花儿黄｜拖拉机插秧｜拖拉机收割｜秸秆还田｜抗洪排涝｜铺设灌溉水管｜引水上山｜修筑海塘｜肖甸湖森林公园｜开山宕口复绿｜南石湖退田还湖

第九章　工矿企业 / 323

苏经丝厂｜苏纶纱厂｜苏州恒利丝厂｜雷允上｜苏州市玉石雕刻厂｜苏州火柴厂｜苏州华盛造纸厂｜苏州动力机器厂｜苏州针织内衣厂｜电子工场｜苏州机床厂｜西山煤矿｜苏州化工厂｜苏州钢铁厂｜苏州丝织试样厂｜苏州缝纫机厂｜苏州电池厂｜苏州玻璃厂｜苏州起重机械厂｜苏州电瓷厂｜苏州半导体总厂｜振亚丝织厂｜苏州第一丝厂｜东吴丝织厂｜光明丝织厂｜江南丝厂｜苏州硫酸厂｜苏州阀门厂｜苏州手表总厂｜苏州电视机厂｜苏州吸尘器厂｜苏州电扇厂｜苏州电冰箱厂｜开弦弓生丝产销合作社｜江苏省立女子蚕桑学校实验代缫丝厂｜昆山五丰面粉厂旧址｜利泰纱厂｜震丰缫丝厂｜常熟布厂｜平望银鱼加工厂｜常熟"碧溪之路"｜太仓县农机修造一厂｜太仓县插秧机厂｜沙洲欧桥针织厂｜沙溪造船厂｜吴县木渎水泥厂｜沙洲县农机修造厂｜工业誓师大会｜灵岩山下工厂群｜西山水泥厂｜社办水泥厂｜农机维修｜吴江工艺织造厂｜太仓利泰纺织厂｜太仓化肥厂｜阳山白泥矿｜常熟市机械总厂｜常熟无线电元件厂｜沙洲县客车厂｜吴县防爆电机厂｜吴江达胜皮鞋厂｜昆山友谊皮鞋厂｜中国苏旺你有限公司｜恒力

集团｜波司登集团｜波司登登山队｜梦兰集团｜张家港华润玻璃有限公司｜江苏AB股份有限公司｜好孩子集团｜华芳集团｜雅鹿集团｜隆力奇生物科技公司｜永钢集团｜沙钢集团

第十章 店铺商社／353

《平江图》碑上的商业市场｜涵村明代店铺｜盛泽徽州庄面｜清末早点摊｜民国小吃担｜菜市场｜点心铺｜大饼油条铺｜街头摊贩｜冬日早点摊｜咸鱼摊｜交通银行常熟支行｜恒孚银楼｜盛泽许义昌银楼｜观前街｜石路｜苏州总商会｜苏州国货商场｜国货商场铺面｜西中市｜度量衡管理｜常熟南市｜常熟寺前街店幡招牌｜常熟绸缎商店｜常熟寺前街｜常熟县南街｜吴江中山街｜农村合作商店｜小农具门市部｜农村信用合作社｜粮店｜煤球店｜观前街稻香村｜杂品店｜流动卖菜车｜理发业｜缝纫服务社｜饮食业｜照相业｜乐乡饭店｜苏州菜场｜沐泰山堂药铺｜浴室｜废品回收业｜南门商市建立｜城乡物资交流会｜胥门农贸集市｜阊门西街｜太仓城乡物资交流会｜太仓城厢中心菜场｜常熟练塘农贸市场｜常熟招商场｜三清殿画张铺｜困难时期的街市｜恢复时期的街市｜苏州市人民商场｜乾泰祥｜玄妙观集市｜苏州第一百货商店｜苏州工业品商场｜石路商场｜吴县商业大楼｜苏州胥城大厦｜苏州竹辉饭店｜苏州雅都大酒店｜苏州饭店｜中国东方丝绸市场｜昆山商业街｜沙洲工业产品展销大楼｜江苏常熟服装城

第十一章 苏工苏作／383

崧泽陶器｜良渚彩陶｜良渚黑陶壶精品｜良渚江豚形陶壶｜玉琮｜玉璧｜吴王光鉴｜吴王夫差矛｜宋苏绣残片｜宋代缂丝｜南宋缂丝《青碧山水图》轴｜南宋缂丝《梅花寒鹊图》轴｜彩织《极乐世界图》｜缂丝加绣《九阳消寒图》｜黄地彩花宋锦｜蓝地"万蝠寿"库金缎｜苏贡皇室织锦缎｜杜士元核雕｜百子婴戏刺绣壁挂（局部）｜沈寿绣耶稣像｜唐巏村石凤字抄手砚｜宋灵岩石鱼肚白穹天砚｜明蟹壳青方城砚｜清顾二娘端砚｜北宋白玉发冠｜陆子冈玉合卺杯｜明碧玉蟾｜清碧玉双耳八棱番莲大洗｜银作名匠朱碧山｜如意纹金盘｜女金冠｜元代金镯｜红雕漆海兽圆盒｜明金蝉玉叶饰件｜宋真珠舍利宝幢｜宋土偶｜清泥人《少妇哺婴》｜苏州绢泥人｜保圣寺唐塑罗汉像｜云岩寺观音檀龛｜保圣寺唐代经幢｜双塔寺宋代石雕｜石观音

殿遗址｜木函彩绘四天王像｜明式家具｜桃花坞木刻年画｜清建筑木雕｜鼻烟壶｜常熟第一期女子刺绣班｜手艺表演

第十二章 园林园艺 / 403

植园｜五亩园｜南园｜羡园｜亦园｜壶园｜瞿园｜半茧园 耕乐堂｜锄经园｜天池山景区建设｜苏州园林申遗｜拙政园｜狮子林｜留园｜沧浪亭｜网师园｜退思园｜艺圃｜耦园｜环秀山庄｜五峰园｜可园｜鹤园｜听枫园｜怡园｜曲园｜柴园｜半园(北)｜畅园｜残粒园｜小林屋｜朴园｜塔影园｜慕园｜文徵明手植藤｜盘门景区｜苏州乐园｜万景山庄｜苏州动物园｜清奇古怪｜仁本堂庭园｜文笔峰｜亭林公园｜昆石｜琼花｜赵园｜燕园｜之园｜曾园｜墨妙亭｜美国纽约的中国庭院｜加拿大温哥华逸园｜新加坡蕴秀园

前　言

苏州编纂"通史",从吴地出现人类活动开始,历经先秦、秦汉、隋唐、宋元、明清各个时期,直到民国时代和中华人民共和国成立之后,上下数千年,乃至于上万年的历史,都要一一进行叙述,堪称史无前例。作为"通史"的一部分,"图录卷"在内容上也要涵盖苏州区域所有县市。面对这一任务,开始颇觉惶恐,因为许多问题都无从借鉴,既不知体例如何安排,也不知所需资料到哪里去搜寻。在《苏州通史》总主编王国平教授的指导下,终于找到方向,列出篇章目录;继而又得到其他各卷作者的帮助,提供相关线索,编撰工作方得以启程。

"图录卷"分上下两卷,按照门类来划分,其篇目分别为:政区舆图、军政纪略、衙署会所、城池胜迹、乡镇名景、水陆交通、市政设施、农林水利、工矿企业、店铺商社、苏工苏作、园林园艺、科学技术、科举教育、文学艺术、报纸杂志、书法绘画、文献藏书、文化设施、文娱体育、医疗卫生、风俗民情、宗教信仰、慈善救济、人物图像、故居祠墓等二十六章,基本上涵盖了政治、军事、经济、文化和社会生活等方面的内容。

"图录卷"所刊用的,除大量历史照片外,还采用了文化遗存、文物古迹、碑刻古物、地图书影、书法绘画、文化场馆、人物图像等资料。

"图录卷"是一次对于苏州地方历史文化的梳理,是千百年来苏州社会活动和百姓生活的掠影,同时也是《苏州通史》其他各卷内容的丰富和延伸。换一个角度来观察苏州悠久的岁月,或许会有一种新的感受。

需要强调的是,"图录卷"编撰工作得以完成,首先要感谢许多有名的和无名的照片拍摄者,以及资料的收藏者和提供者,还有呕心沥血征集图片并汇编成图书画册的众多编辑和出版社。如果没有众人的努力,"图录卷"根本无法面世。在此,向为了"图录卷"出版而默默奉献的所有人致以最诚挚的敬意!

《康熙南巡图·苏州篇》(局部)

第一章　政区舆图

苏州古城始建于春秋后期吴王阖闾元年(前514),史籍称吴大城。旧城规模迄今未有大的变动,城址也一直未曾改易。

隋开皇九年(589),始名苏州。秦汉以来,历代为郡、州、府(军、路)、县治所。清康熙六年(1667)始,又为江苏巡抚驻地。辛亥革命后撤府并县,古城区内外为吴县城厢。1949年4月27日苏州解放后,以城厢及近郊建立苏州市,与吴县分治,并成立苏州地区行政公署。

苏州所辖县(市、区)的历史大都也十分悠久,秦王政二十五年(前222),秦平定楚江南地区,在吴国故都(今苏州城址)始设吴县。梁大同二年(536),置昆山县;六年(540),置常熟县。唐万岁通天元年(696),割吴县地置长洲县,与吴县划境分治。后梁开平三年(909),吴越国置吴江县。明弘治十年(1497),析置太仓州。清雍正二年(1724),升太仓州为直隶州;析长洲县置元和县,与吴县、长洲县同城分治;析昆山县置新阳县;析常熟县置昭文县;析吴江县置震泽县,皆同城分治。乾隆元年(1736),以吴县洞庭东山置太湖厅。光绪三十二年(1906),以吴县洞庭西山置靖湖厅。中华民国建立后,废府、州、并县、厅,吴县、长洲、元和三县和太湖、靖湖二厅并为吴县,昆山、新阳二县并为昆山县,常熟、昭文二县并为常熟县,吴江、震泽二县并为吴江县。

中华人民共和国成立后,划苏州为市;划吴县、常熟、昆山、吴江、太仓五县为苏州地区行政区。1962年1月1日,从常熟县西部划出十四个公社,从江阴县划出九个公社,建立沙洲县。1983年苏州地区行政公署撤销,苏州市实行市管县体制,辖吴县、常熟、沙洲、太仓、昆山、吴江六县(市)。

1986年9月16日,撤销沙洲县,改设张家港市;1989年7月27日,昆山撤县改市;1992年2月18日,吴江撤县改市;1993年1月8日,太仓撤县改市;1995年7月,吴县撤县改设吴县市。

2001年2月,吴县市撤销,成立吴中区和相城区。2012年9月1日,撤销县级吴江市,设立苏州市吴江区;撤消沧浪区、平江区、金阊区,设立苏州市姑苏区。

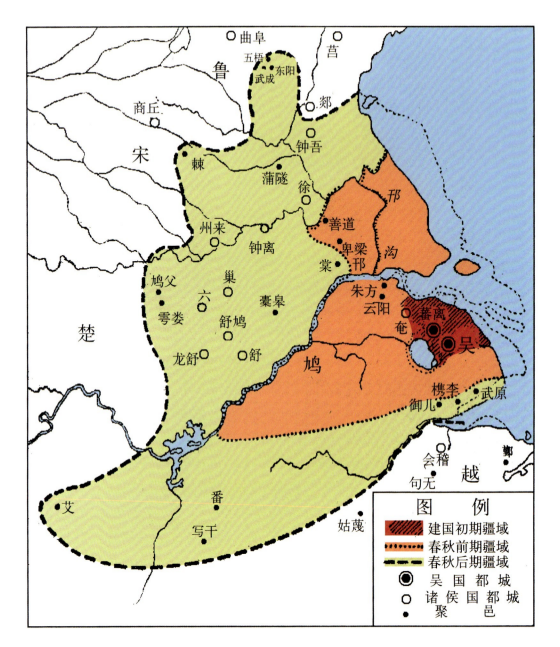

春秋吴国变迁疆域图(约前11世纪—前473)

吴人在吴王寿梦之前生活在长江下游地区,其最盛时期的吴国疆域,基本上占有今江苏全境、安徽长江以南和大别山以东部分以及浙江与江西的北部。图摘自魏嵩山《古代吴立国发源地及其疆域变迁》。

第一章 政区舆图

秦会稽郡郡域图之一 秦王政二十五年(前222),秦平定江南,置会稽郡,其范围相当于今江苏省长江以南、浙江省仙霞岭、牛头山、天台山以北,安徽省水阳江以东和新安江流域地区;并置吴县,设郡治于此。图选自谭其骧主编《中国历史地图集》第2册。

秦会稽郡郡域图之二 秦会稽郡所领县数有多种说法,此图则言领县二十六,分别是:吴县、曲阿、钱唐、乌伤、毗陵、余暨、阳羡、诸暨、无锡、山阴、丹徒、余姚、娄县、上虞、海盐、剡县、由拳、大末、乌程、句章、余杭、鄞县、鄮县、富春、冶县、回浦。图载《苏州市吴文化地名保护名录》(市区卷)。

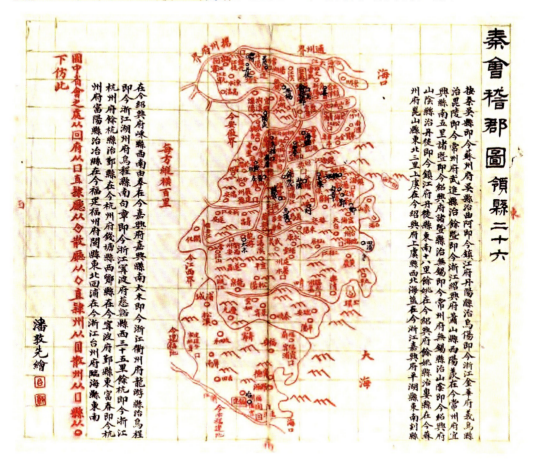

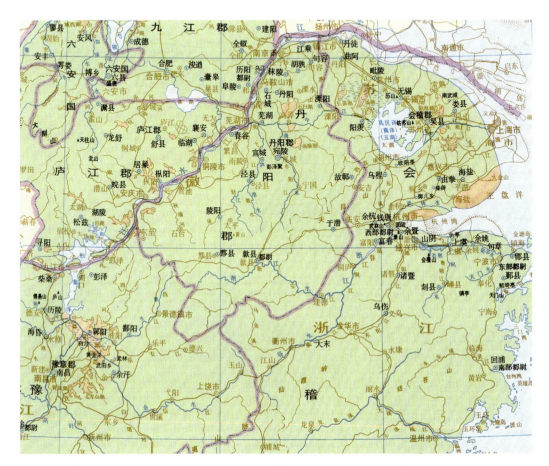

西汉会稽郡图(局部) 汉高祖五年(前202),刘邦灭项羽,会稽郡转属汉,郡治吴,领县丹徒、曲阿、毗陵、无锡、阳羡、吴县、娄县、乌程、由拳、海盐、余杭、钱唐、富春、余暨、山阴、上虞、余姚、句章、鄞县、诸暨、鄮县、剡县、乌伤、大末、回浦、冶县二十六县。图选自谭其骧主编《中国历史地图集》第2册。

东汉吴郡图之一

永建四年(129),分会稽郡东北地另置吴郡,郡治在吴县,领丹徒、曲阿、毗陵、无锡、吴县、娄县、阳羡、乌程、由拳、海盐、余杭、钱唐、富春十三县。图选自谭其骧主编《中国历史地图集》第2册。

东汉吴郡图之二

东汉分浙江以西置吴郡,领县十三,仍用丹徒、曲阿、毗陵、无锡、吴县、娄县、阳羡、乌程、由拳、海盐、余杭、钱唐、富春旧县名。图载《苏州市吴文化地名保护名录》(市区卷)。

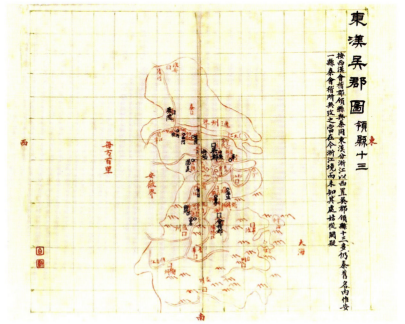

三国东吴吴郡图 郡治在吴县,领吴县、娄县、阳羡、乌程、嘉兴、海盐、永安、临水、盐官、余杭、钱唐、富春、建德、新昌十四县。图选自谭其骧主编《中国历史地图集》第3册。

西晋吴郡图 吴郡周围另置丹阳郡、毗陵郡、吴兴郡、东阳郡,吴郡领吴县、娄县、嘉兴、海盐、盐官、钱唐、富春、建德、寿昌九县。西晋太康四年(283),析吴县虞乡置海虞县。南朝陈永定二年(558),割吴郡地另置海宁郡,陈祯明元年(587),置吴州,吴郡隶吴州,吴州、吴郡、吴县三级治所同驻苏州。图选自谭其骧主编《中国历史地图集》第3册。

第一章 政区舆图

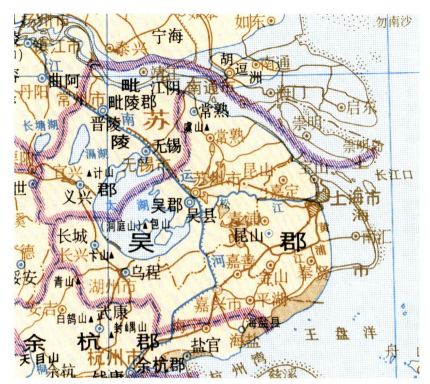

隋吴郡图 开皇九年(589),废吴郡,改吴州为苏州,苏州得名自此始。大业元年(605),苏州复称吴州,三年(607),又复称吴郡,领常熟、吴县、昆山、长城(今长兴)、乌程五县。图选自谭其骧主编《中国历史地图集》第5册。

唐苏州图 武德三年(620),改吴郡为苏州,万岁通天元年(696),析吴县地置长洲县,苏州领吴县、长洲、嘉兴、海盐、常熟、昆山、华亭七县。图选自谭其骧主编《中国历史地图集》第5册。

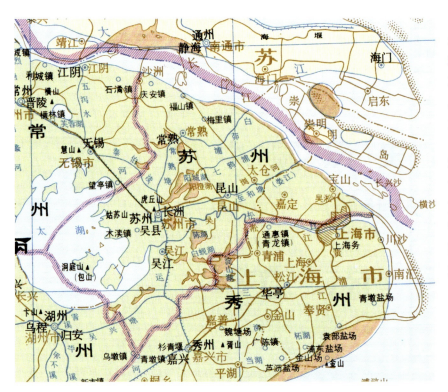

北宋苏州府图

政和三年(1113),苏州升为府,辖吴县、长洲、昆山、常熟、吴江(五代吴越国开平三年析吴县南部置吴江县)五县。图选自谭其骧主编《中国历史地图集》第6册。

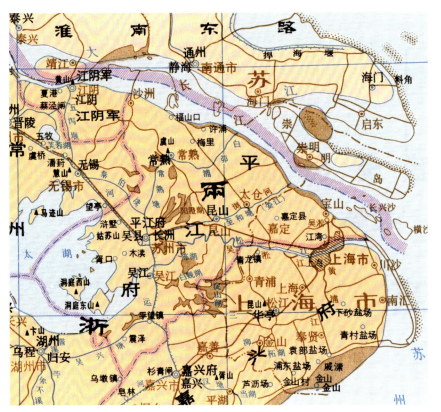

南宋平江府图

时苏州称平江府,辖常熟、吴县、长洲、吴江、昆山、嘉定六县。图选自谭其骧主编《中国历史地图集》第6册。

元平江路图 至元十二年(1275),以原平江府治为江淮行省,置平江路,领吴县、长洲县、昆山州、常熟州、吴江州、嘉定州六州(县)。图选自谭其骧主编《中国历史地图集》第7册。

明苏州府图 明太祖吴元年(1367),改平江路为苏州府。洪武元年(1368),重建苏州府城,翌年降常熟、吴江、昆山、嘉定四州为县,苏州府领常熟、吴县、长洲、昆山、吴江、嘉定六县与太仓州。图选自谭其骧主编《中国历史地图集》第7册。

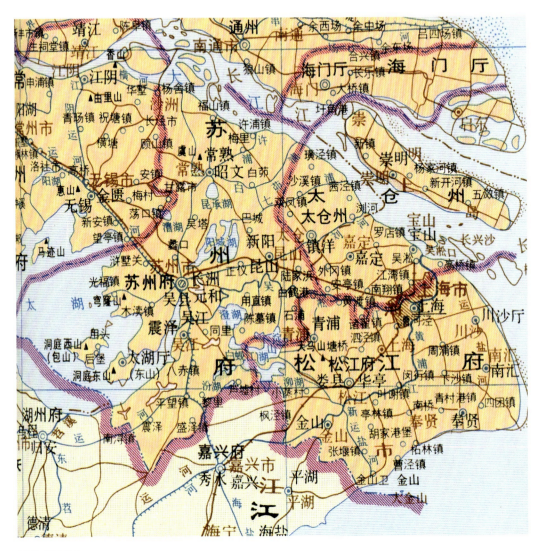

清苏州府图

雍正二年(1724),析长洲、昆山、常熟、吴江县地,分置元和、新阳、昭文、震泽四县,苏州府领吴县、长洲、元和、昆山、常熟、吴江、新阳、昭文、震泽九县。乾隆元年(1736),析吴县东山等地置太湖厅,隶苏州府。乾隆二十七年(1762),另设江宁布政使和江苏布政使,江苏布政使驻苏州,辖苏州、松江、常州、镇江四府和太仓直隶州。图选自谭其骧主编《中国历史地图集》第8册。

清江苏省图

图右下部为苏州府及所属长洲、吴县、元和、常熟、昭文、昆山、新阳、吴江、震泽县和太湖厅,以及太仓州、镇洋县。摘自《清朝舆地全图·江苏卷》,原载《皇舆遐览》。

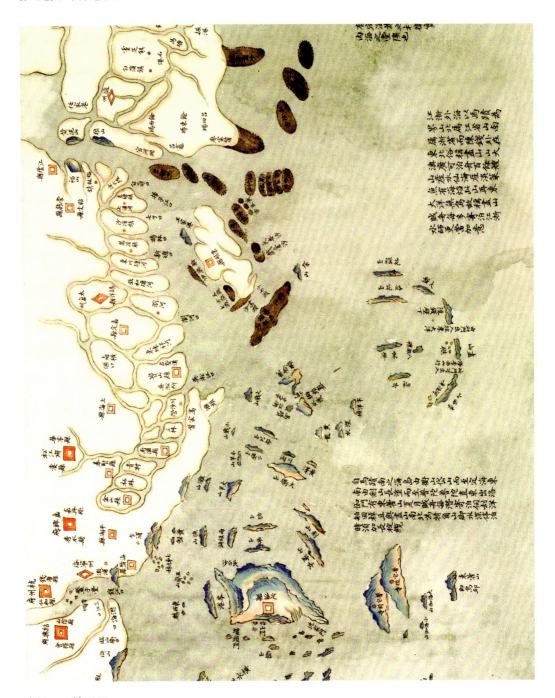

清长江口地形图

属于苏州府县的有福山镇、梅李镇、徐六泾、直塘镇、七浦河、沙溪镇、茜泾镇、东川塘河、致和塘河、浏河以及白茆口、七丫口、杨林口、新塘口、浏河口。摘自《中华沿海形势全图·江苏浙江沿海图》，原载《皇舆遐览》。

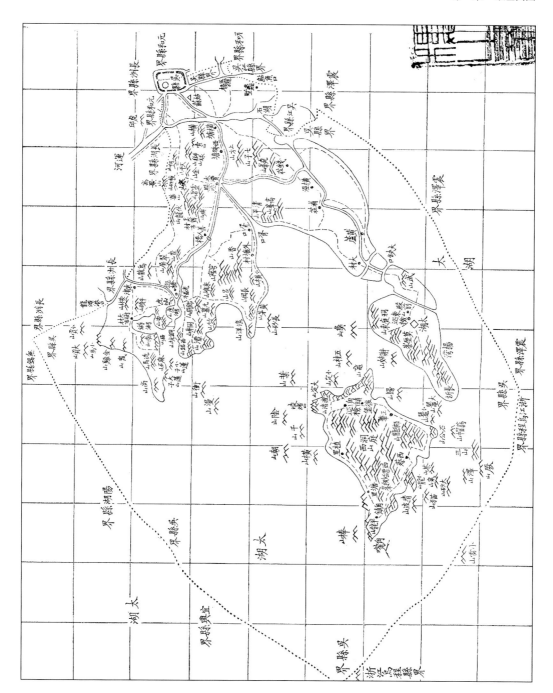

清吴县图

自秦设吴县后,除王莽新朝一度改为泰德县外,此县名一直沿用,历时2200余年。建县后,县域曾数度分割。西晋北析海虞(今常熟),隋唐时嘉兴、昆山又数度与吴县分合,唐代分置长洲县,五代吴越时分吴县地建吴江县,清代又析吴县、长洲两县地建元和县及太湖、靖湖两厅。民国元年(1912),复并三县两厅为吴县。图载光绪《江苏全省地图》。

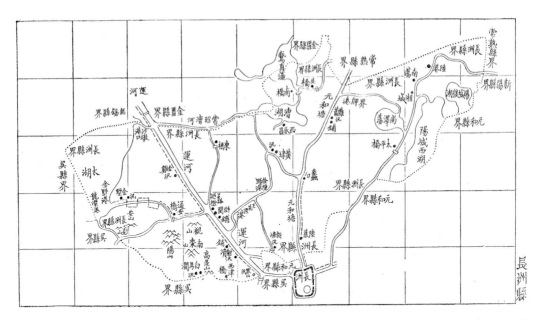

清长洲县图 唐武周万岁通天元年(696),析吴县地置长洲县,吴县、长洲两县隶苏州府,直至清末。图载光绪《江苏全省地图》。

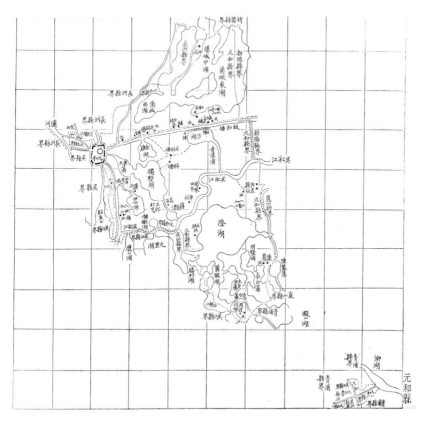

清元和县图 清雍正二年(1724),析长洲县地置元和县,吴县、长洲、元和三县同城而治,均隶苏州府,直至清末。图载光绪《江苏全省地图》。

清昆山县图

昆山,自秦代置娄县,王莽新朝更名娄治,东汉复名娄县。梁分娄县置信义县,梁大同初分信义置昆山县。清雍正初分昆山置新阳县,两县同城分治。辛亥革命后昆、新两县合并,仍名昆山县。图载光绪《江苏全省地图》。

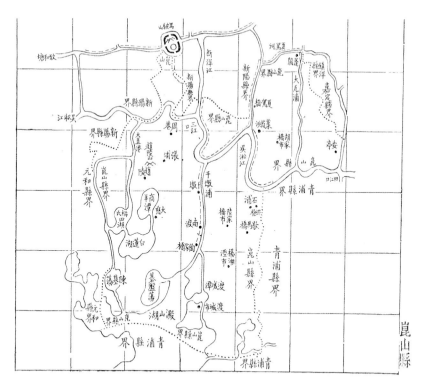

清新阳县图

雍正二年(1724),分昆山县置新阳县,两县同城分治,辛亥革命后昆、新两县合并。图载光绪《江苏全省地图》。

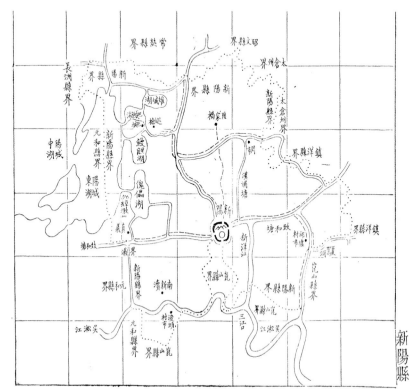

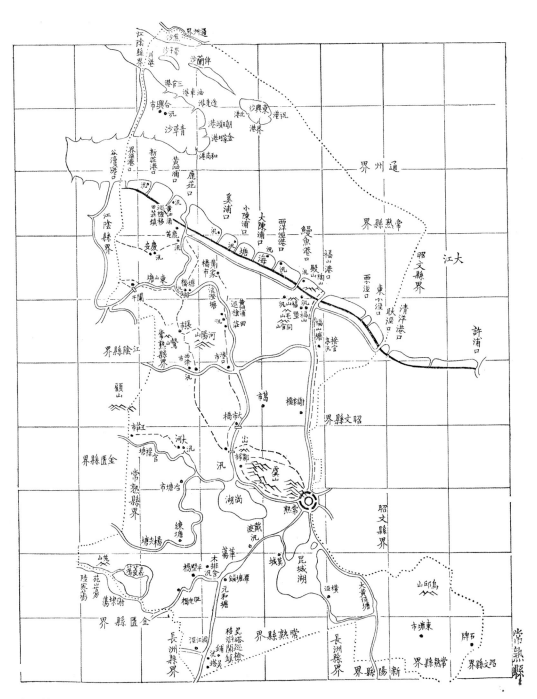

清常熟县图

南朝梁大同六年(540),以南沙县地置常熟县,县治设南沙城(今福山镇)。唐武德七年(624),移常熟县治至海虞城。以后历代常熟县治均设在海虞城。清雍正四年(1726),析常熟县东境置昭文县,两县治同城。图载光绪《江苏全省地图》。

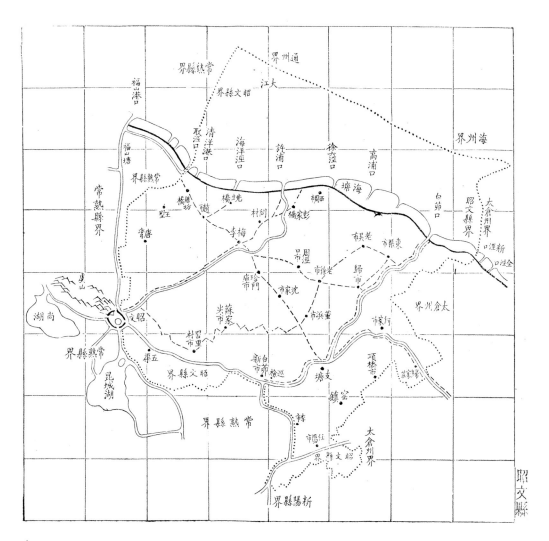

清昭文县图

清雍正四年（1726），析常熟县东境置昭文县，两县治同城，以琴川运河为界。图载光绪《江苏全省地图》。

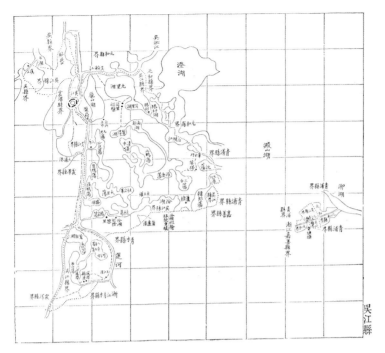

清吴江县图 五代后梁开平三年(909),吴越王钱镠割吴县南地、嘉兴北境置吴江县。清雍正四年(1726),分吴江县偏西地设震泽县。民国元年(1912),吴江、震泽两县复合为吴江县。图载光绪《江苏全省地图》。

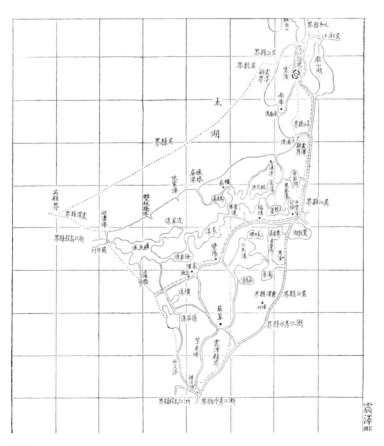

清震泽县图 清雍正四年(1726),分吴江县偏西地设震泽县。民国元年(1912),吴江、震泽两县复合为吴江县。图载光绪《江苏全省地图》。

清镇洋县图 清雍正二年(1724),升太仓为江苏直隶州,并析州地置镇洋县,太仓州和镇洋县同城而治。图载光绪《江苏全省地图》。

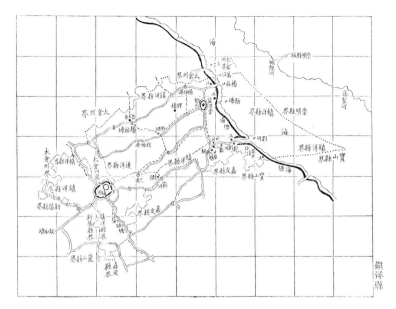

清太仓州图 明弘治十年(1497),划昆山之新安、惠安、湖川三乡,常熟之双凤乡,嘉定之乐智、循义两乡建立太仓州,并辖崇明县,隶苏州府。清雍正二年(1724),升太仓为江苏直隶州,并析州地置镇洋县,直隶州辖镇洋、崇明、嘉定、宝山四县,隶江苏布政司。宣统三年(1911)辛亥革命后,太仓州县合并。民国元年(1912),始定名为太仓县,隶江苏都督府。图载光绪《江苏全省地图》。

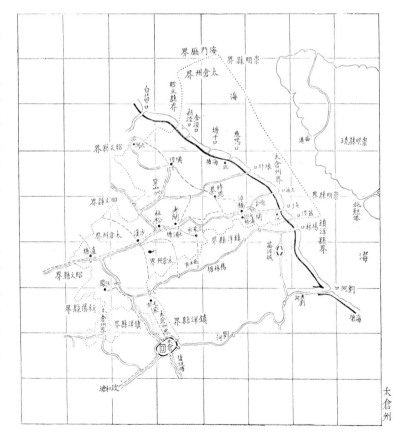

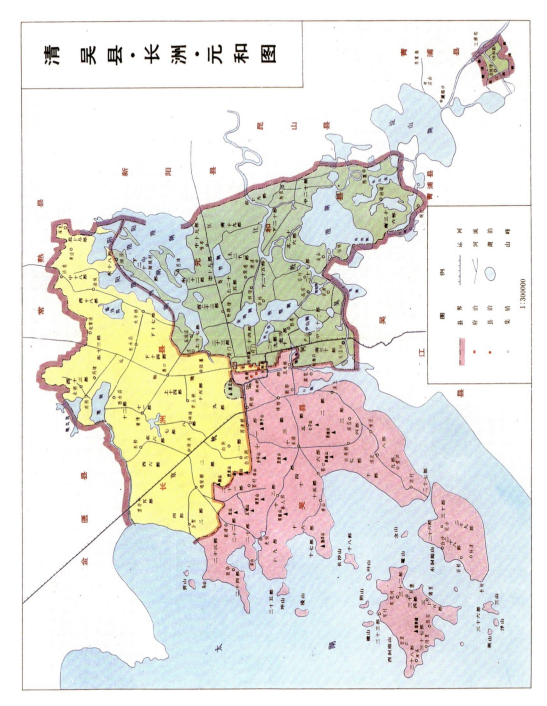

清吴、长、元三县地图

秦王政二十五年(前222),秦平定江南,置吴县。唐万岁通天元年(696),析吴县地置长洲县。清雍正二年(1724),析长洲县地置元和县。吴县、长洲、元和三县同城而治。图载《吴县志》(1994版)。

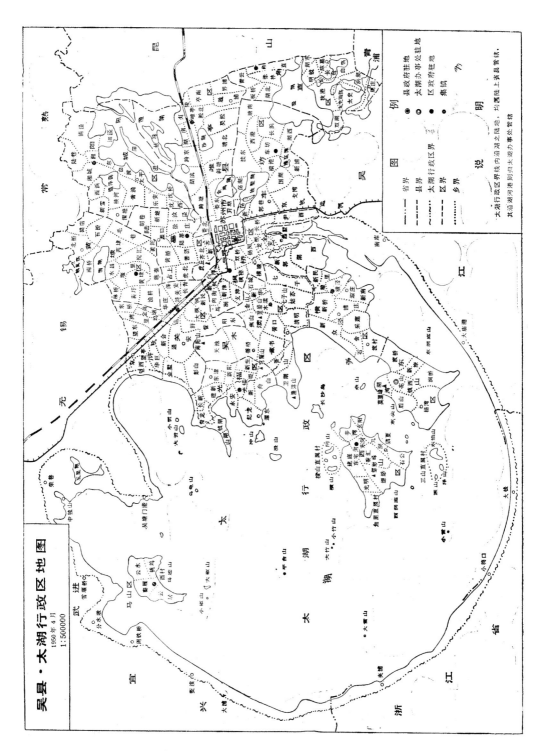

1950年吴县及太湖行政区地图

太湖行政区界线内沿湖之陆地均属陆上省县管辖,其沿湖河港则归太湖办事处管辖。

20世纪70年代苏州地区图

1953年1月,苏州市调整为省辖市。1958年7月,苏州市归苏州专署领导。1962年6月,苏州市恢复为省辖市。

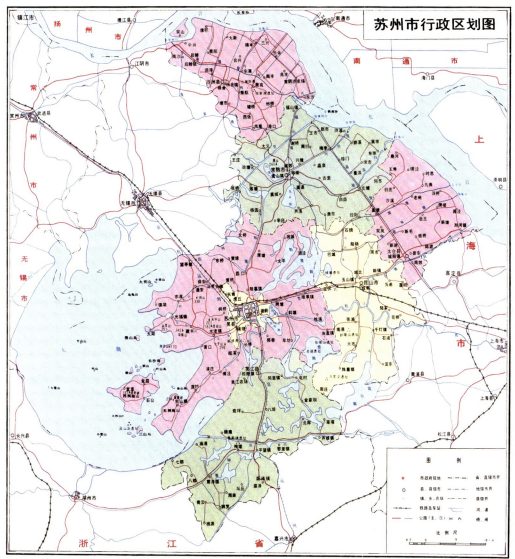

1985年苏州市行政区划图

1983年1月8日,国务院批准撤销苏州地区行政公署,撤销常熟县,改设常熟市,实行市管县体制,将原苏州地区的吴县、吴江、昆山、太仓、沙洲(1986年9月改为张家港市)、常熟六县(市)划归苏州市。

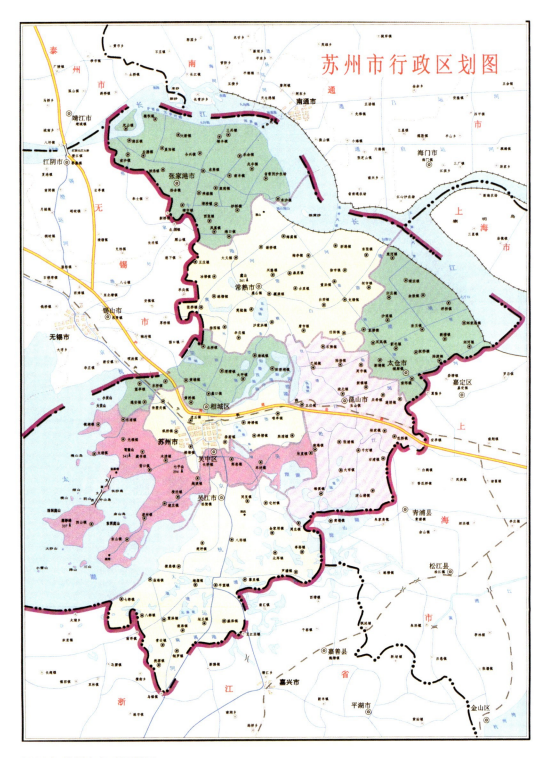

2002年苏州市行政区划图

2010年苏州市市区图

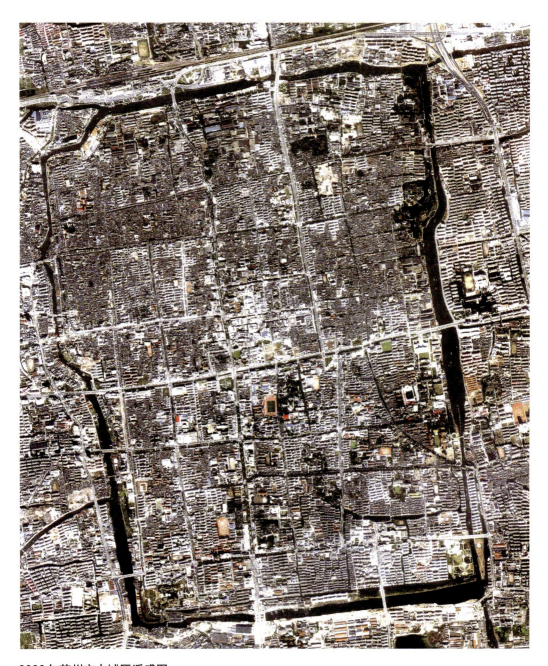

2000年苏州市古城区遥感图

苏州古城始建于公元前514年,迄今已2500多年,是国内最早的古城之一。在漫长的岁月里,城池历经兴衰,城址却依旧固定在原来的位置,为国内外所罕见。

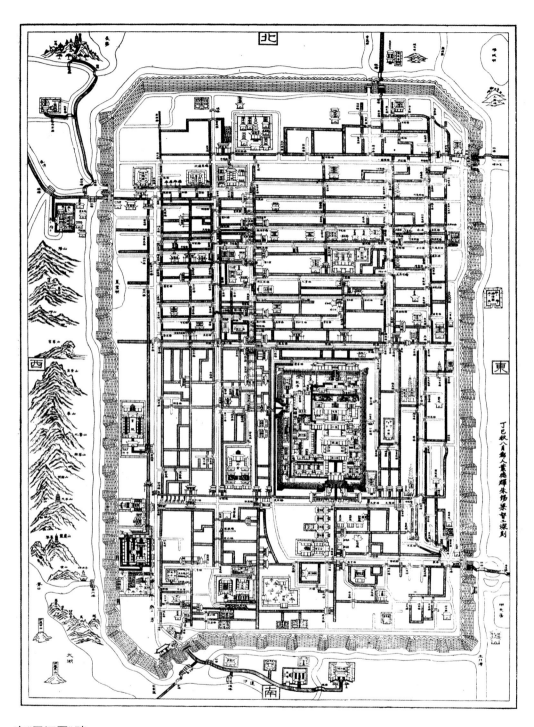

宋《平江图》碑

根据宋《平江图》碑摹绘。《平江图》碑系宋绍定二年(1229)刻制,采用平面线划与立体描画相结合的手法,记录了宋代平江府(苏州)城市的地理位置,显示了苏州水陆平行、河街相邻、前街后河的双棋盘式城市格局。

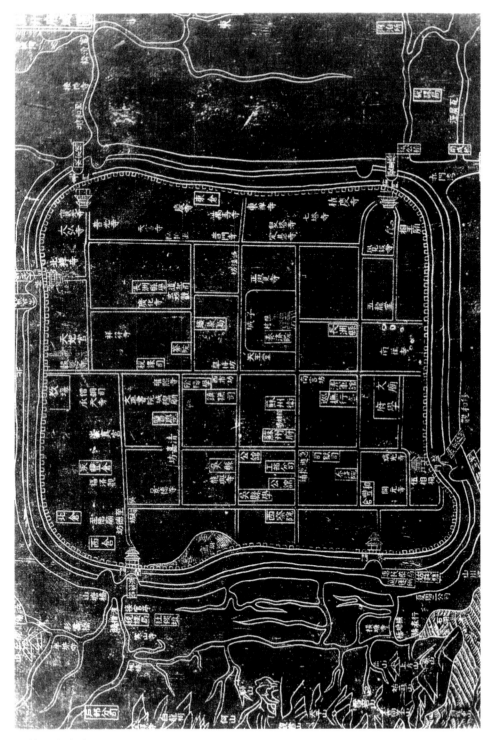

明苏州府城碑
图中标出苏州府城门、省府县衙署、寺观、公馆、祠堂、文庙、学宫、宝塔、义仓等位置。苏州博物馆藏。

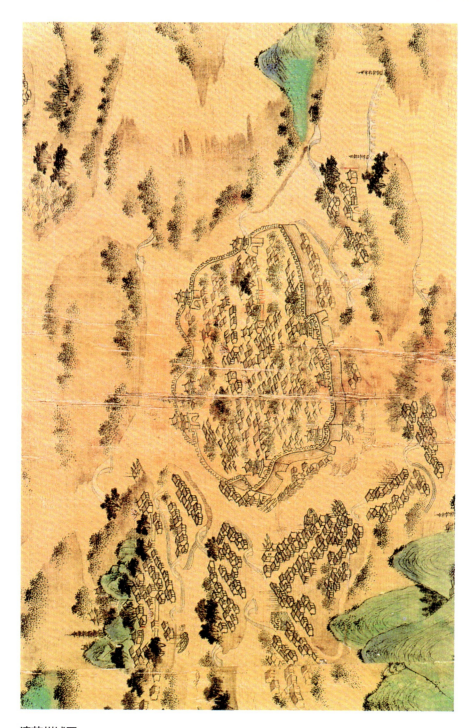

清苏州城图

清无款《南游道里图卷》(苏州府)图。图中可见苏州古城的地理地貌状况,其中有运河、宝带桥、觅渡桥、城区六城门和虎丘山等地标性建筑。图载梁白泉主编《吴越文化》图册。

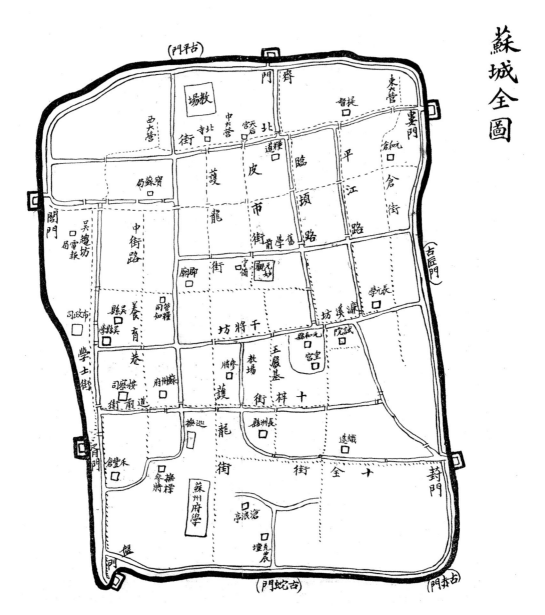

清苏城全图

公元前514年,伍子胥"相土尝水,象天法地",在江南平原上筑起了一座规模宏大的土城,是为阖闾大城。在以后漫长的历史年代里,城市迭遭战火,隋初、南宋初年以及元末,破坏尤为惨重。由于"修葺之人若随踵而至",故城池仍然顽强地延存下来,且规模和位置2500多年来基本未变,保存得也比较完整。图载民国《吴县志》。

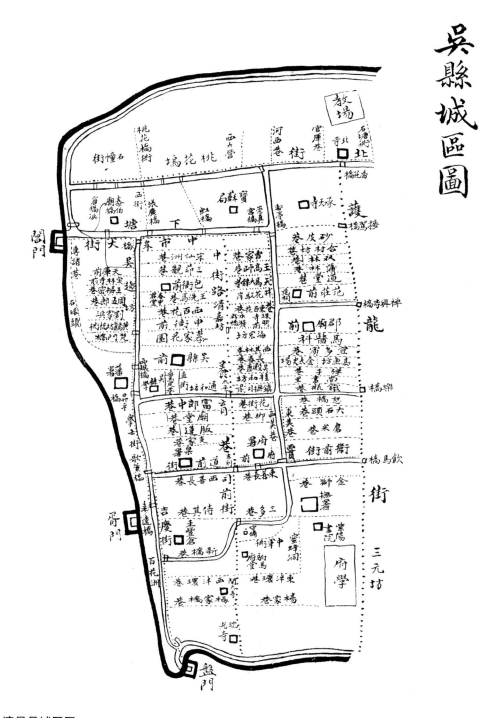

清吴县城区图

清末,苏州府城由吴县、长洲、元和三县分治。吴县城区,在苏州城西部,以石塘弄、护龙街、三元坊为界,与长洲县相邻。城外北以阊门外塘河为界,与长洲县相邻;南以盘门外甘棠桥河与元和县相邻,西至枫桥。图载民国《吴县志》。

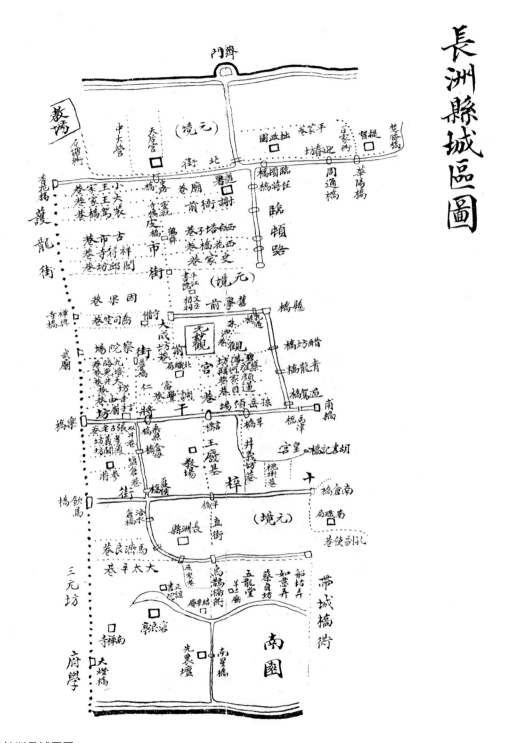

清长洲县城区图

长洲县城区在苏州城中部,西邻吴县,东以楚胜桥沿北街河转临顿路河,经临顿桥、任蒋桥、众善桥,折史家巷至金狮子桥。图载民国《吴县志》。

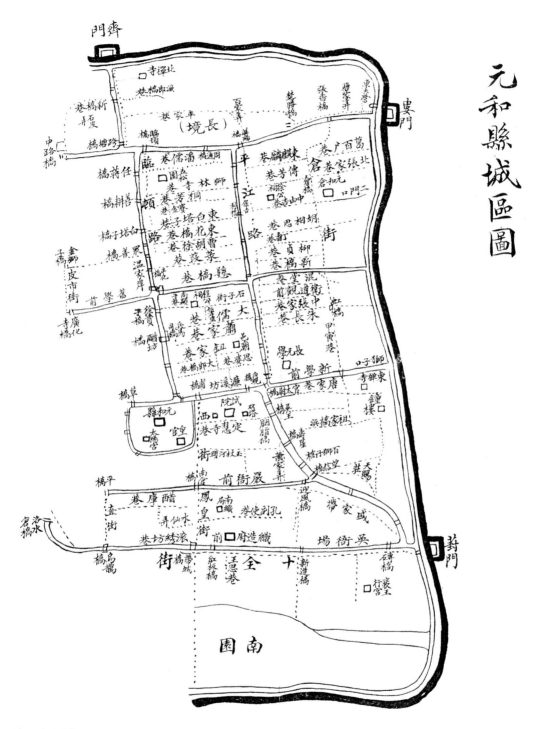

清元和县城区图

元和县城区在苏州城东部,西与长洲县城区相邻。城外城北西接吴县,城南西接长洲县,城东娄门外至官寺桥,葑门外至石炮头、朝天桥。图载民国《吴县志》。

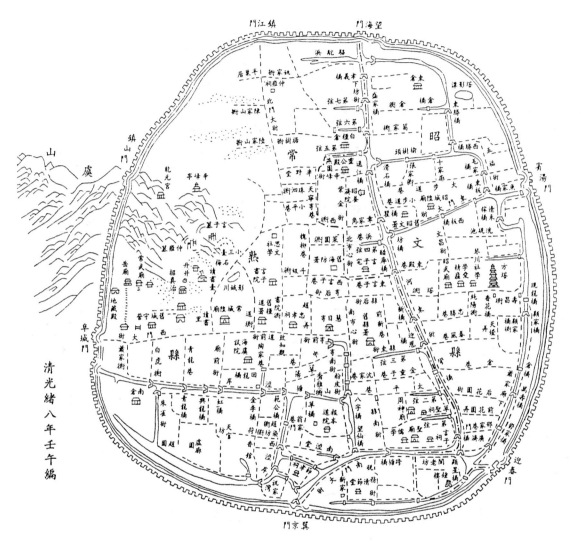

清常昭县城图

常熟城区虞山镇倚山面湖,西晋时即为海虞县城。唐武德年间为常熟县治,南宋后拓城垣,逐步形成规模。旧时城垣,依山建筑,城区琴川等河道穿城而过,有"七溪流水皆通海,十里青山半入城"之誉。主要街道以旧县衙及慧日寺为中心向四周辐射,有县东、县南、县西、县后和寺前、寺后街等道路;通向各城门方位的道路有东门、南门、西门、水北门、旱北门街等。全城区呈水道纵横、河街相邻的水乡城镇格局,面积为3.04平方千米。图载光绪八年(1882)编《常昭县城图》。

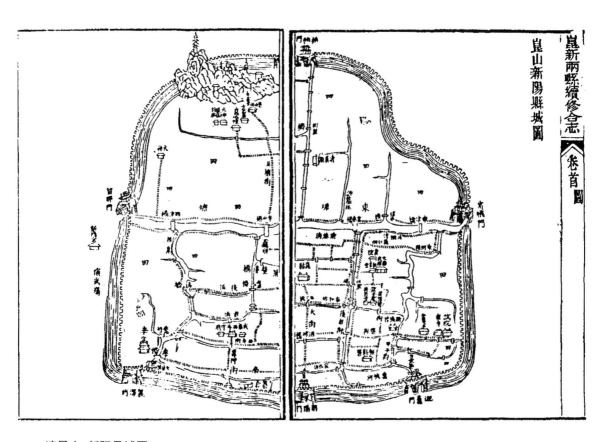

清昆山、新阳县城图

昆山在元代就筑有土城,明嘉靖十八年(1539)二月至次年五月改建为砖城。自宋代起,县城商业贸易区在县署东南,有市心、后市两集市(今南后街一带);明代商业贸易区转移到半山桥一带;之后商业区又逐渐南移。至清代,据光绪《昆新两县续修合志》载:"南城大街自朝阳门以内至县署,市廛栉比,贸易交集。"图载清光绪《昆新两县续修合志》。

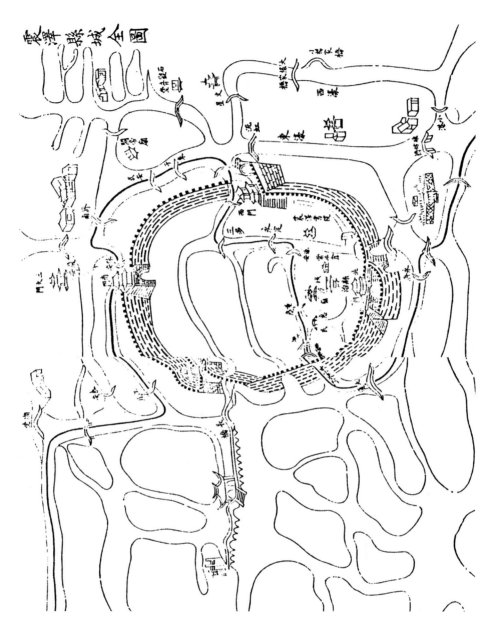

清震泽县城全图

五代后梁开平三年(909),吴越王钱镠割吴县南地与嘉兴北境,置吴江县,松陵镇一直是县治所在地。后梁乾化元年(911),司马福在吴淞源头南北各筑一城,有南津、北津之称。后南城废,北城即为后世所称县城,周围3里50步。元至正十六年(1356),吴王张士诚将县城扩大至周围5里27步,城墙高2丈8尺,厚1丈5尺。建陆城门4座,各以所对方向名东、南、西、北门,城门上各建鼓楼一座;水城门5座,即东、西、北、小东水门,以及玉带河(即今红旗路)东城楼外濠河处,上为陆门,下为水门;凿环城濠河深阔不等。图载清乾隆《震泽县志》。

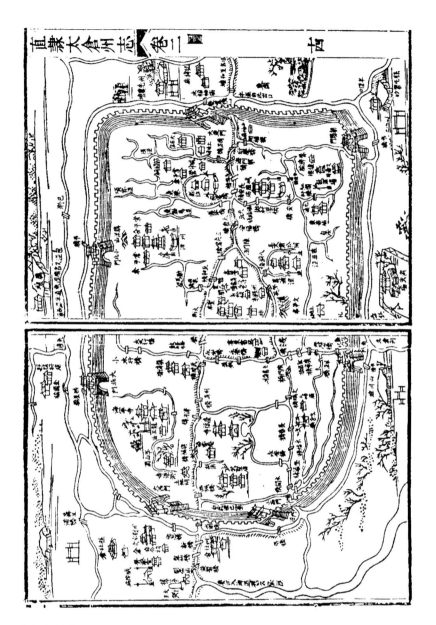

清太仓州城图

太仓自宋代起,在东、西、南、北各设木栅,形成了太仓城。元至正十七年(1357),张士诚据吴为王后,兴筑太仓城。城中有盐铁塘与致和塘纵横贯穿,呈交叉"十"字形。图载清乾隆《直隶太仓州志》。

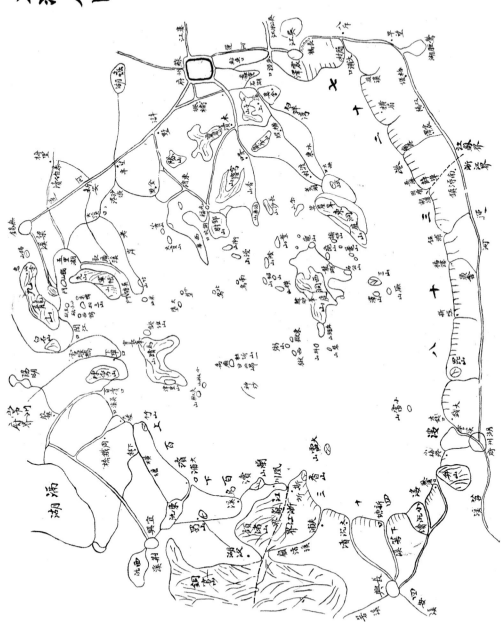

太湖全图　图载民国《吴县志》。

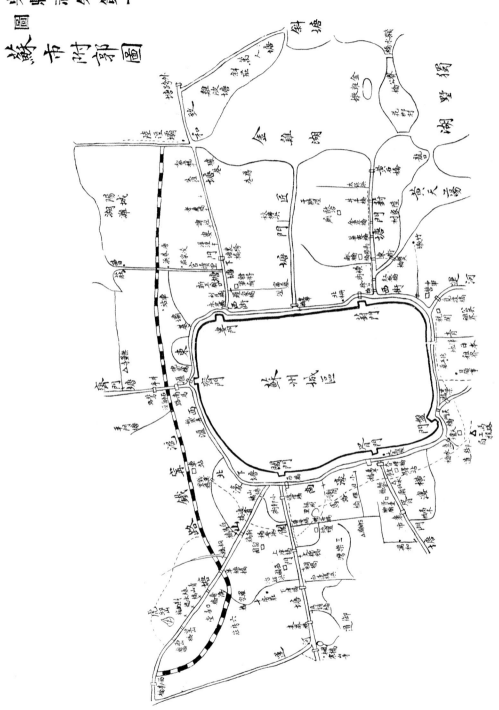

苏市附郭图 图载民国《吴县志》。

木渎区图　图载民国《吴县志》。

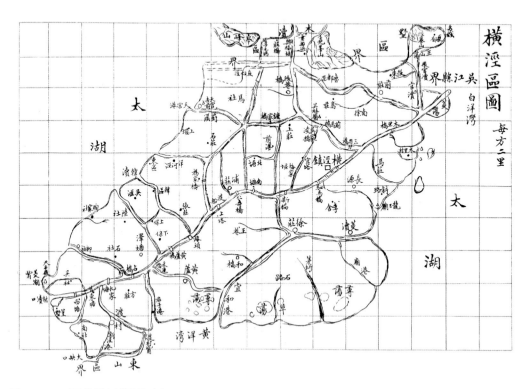

横泾区图　图载民国《吴县志》。

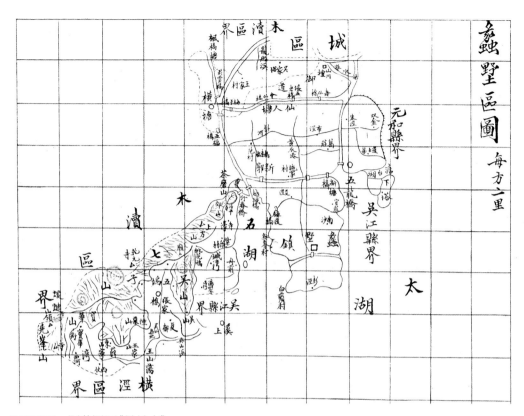

蠡墅区图　图载民国《吴县志》。

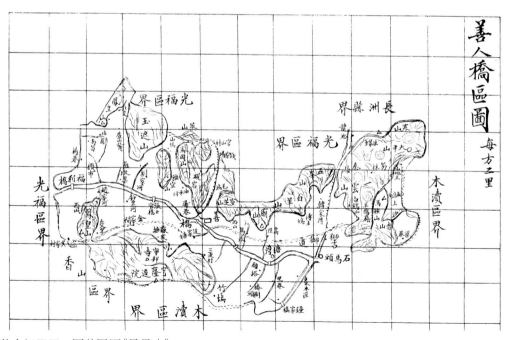

善人桥区图　图载民国《吴县志》。

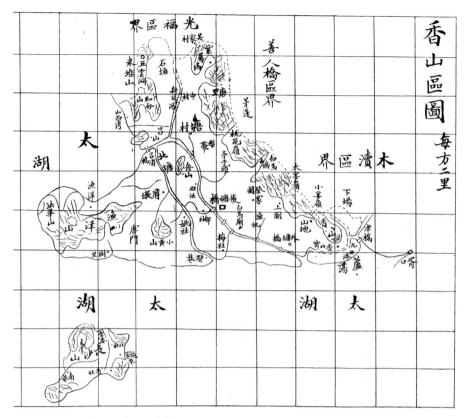

香山区图　图载民国《吴县志》。

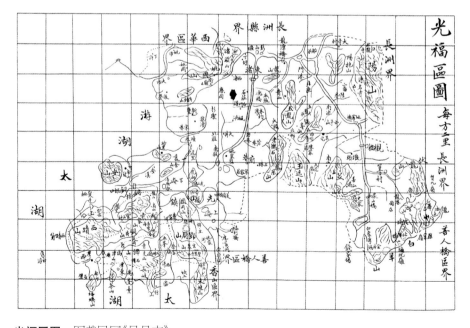

光福区图　图载民国《吴县志》。

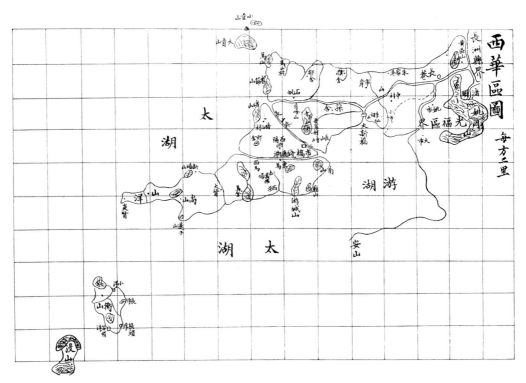

西华区图　图载民国《吴县志》。

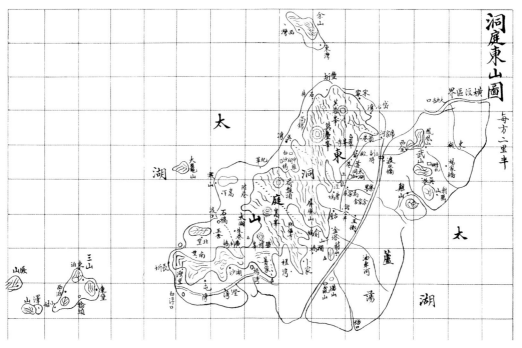

洞庭东山图　图载民国《吴县志》。

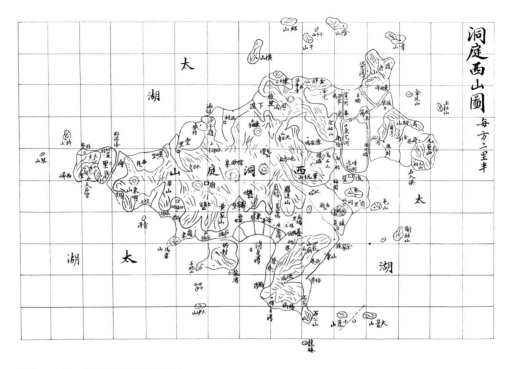

洞庭西山图　图载民国《吴县志》。

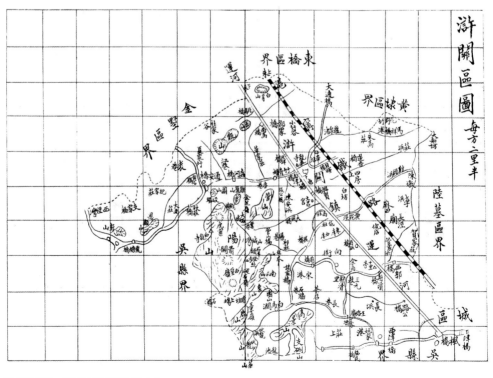

浒关区图　图载民国《吴县志》。

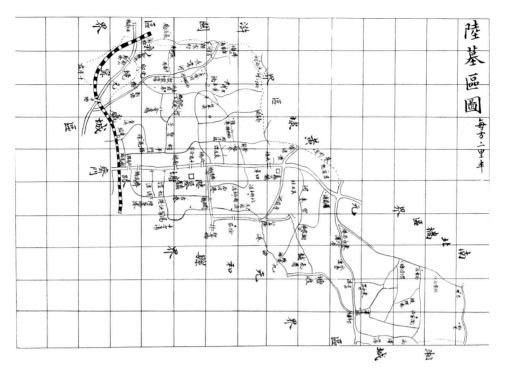

陆墓区图 图载民国《吴县志》。

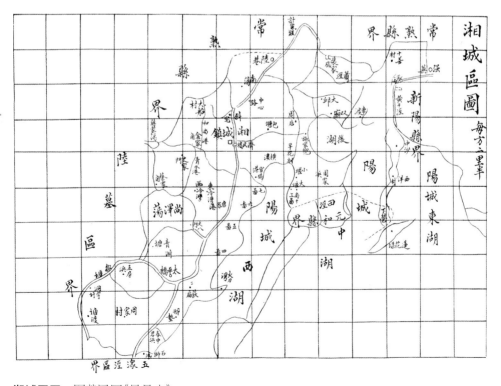

湘城区图 图载民国《吴县志》。

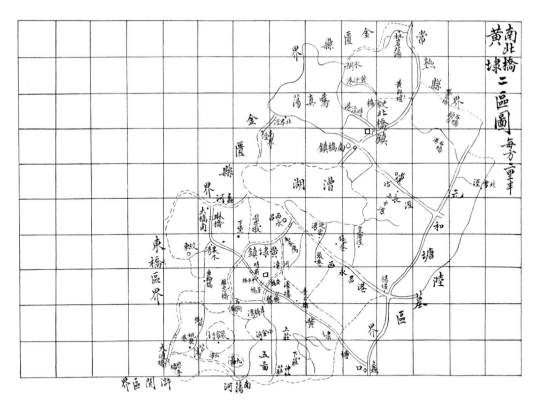

南北桥、黄埭二区图　图载民国《吴县志》。

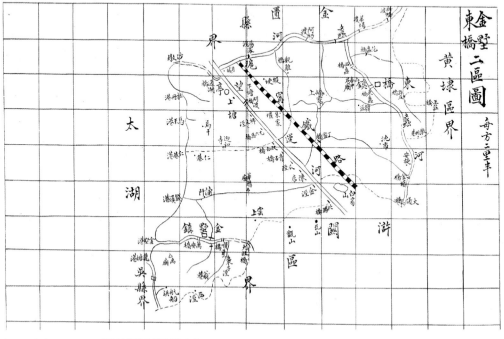

金墅、东桥二区图　图载民国《吴县志》。

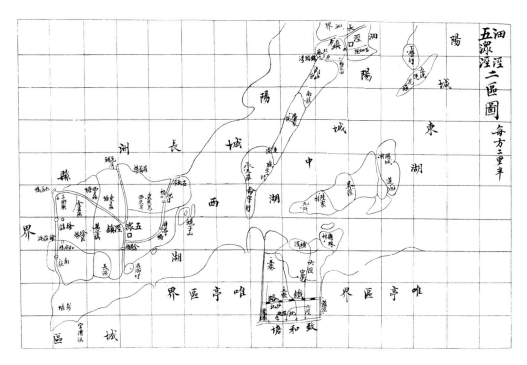

泖泾、五澱泾二区图　图载民国《吴县志》。

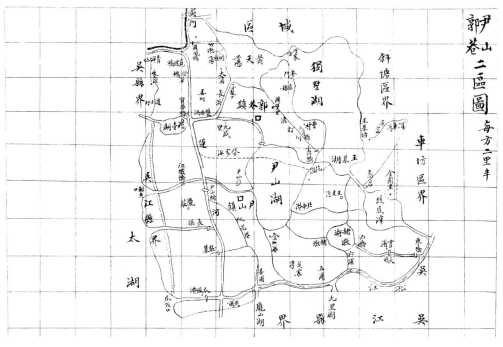

尹山、郭巷二区图　图载民国《吴县志》。

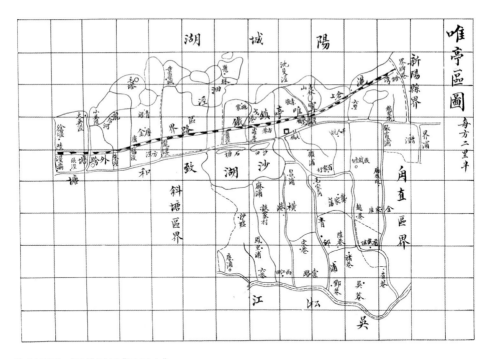

唯亭区图　图载民国《吴县志》。

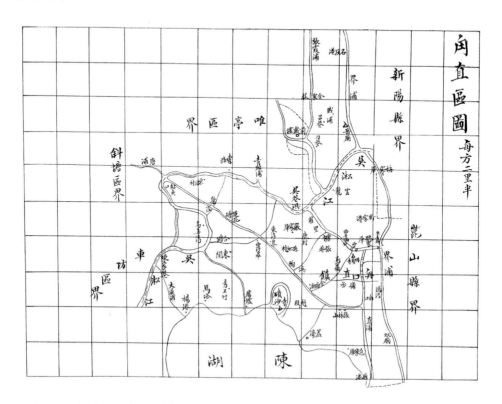

甪直区图　图载民国《吴县志》。

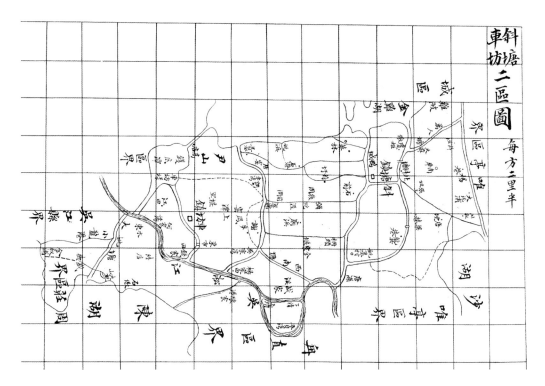

斜塘、车坊二区图　图载民国《吴县志》。

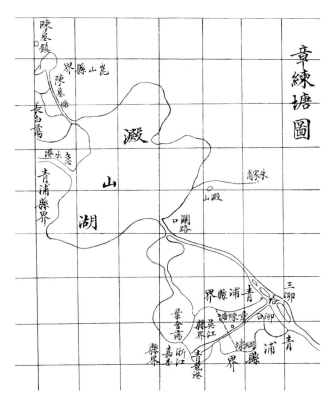

章练塘图　图载民国《吴县志》。

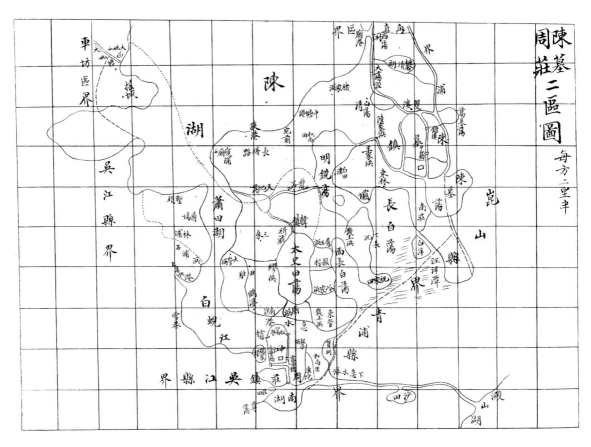

陈墓、周庄二区图 图载民国《吴县志》。

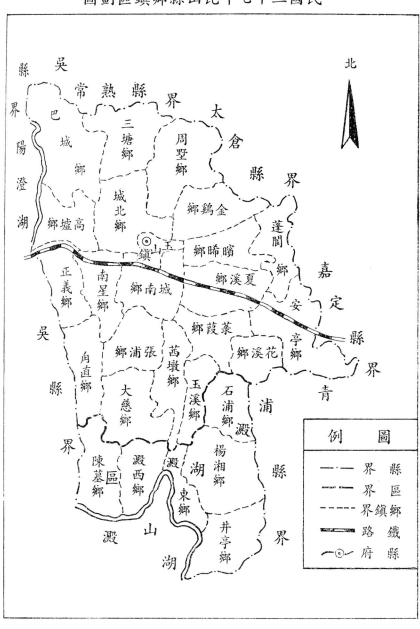

1948年昆山县乡镇区划图

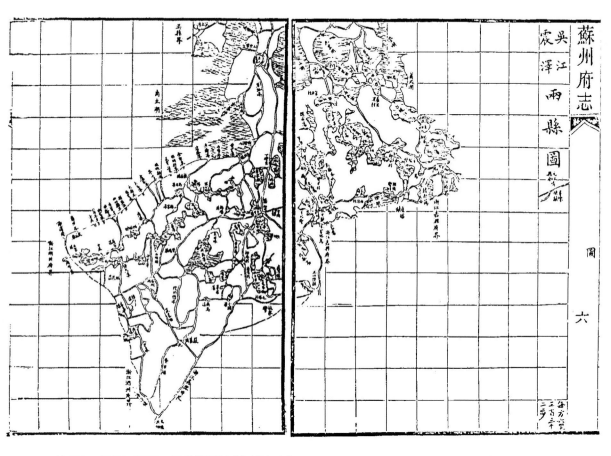

清吴江、震泽两县图　图载清同治《苏州府志》。

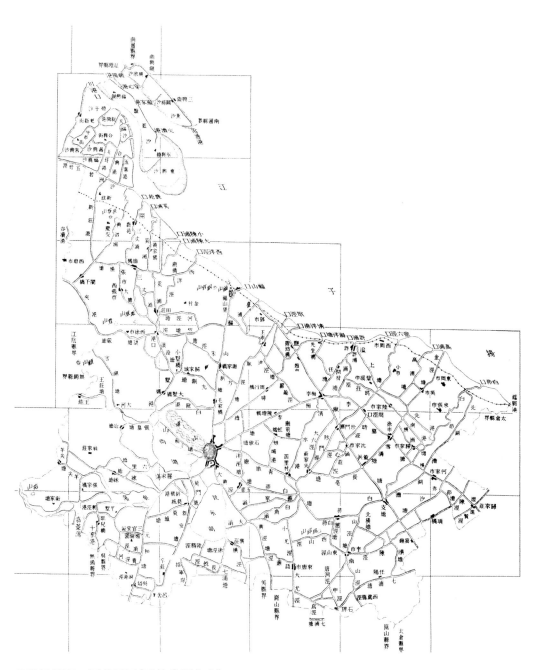

常熟县总图　图载民国《重修常昭合志》。

《康熙南巡图·苏州篇》(局部)

第二章　军政纪略

约公元前11世纪,泰伯、仲雍奔吴。公元前585年,寿梦为吴王,吴国始有确切纪年。公元前514年,吴公子光遣专诸刺死吴王僚,自为王,是为吴王阖闾。同年,阖闾命伍子胥筑吴大城(今苏州)。公元前506年,吴伐楚于柏举,楚师败。公元前496年夏,阖闾出兵攻越。吴师败,阖闾伤后死,子夫差继位。公元前482年,黄池之会,夫差为盟主。公元前473年,越大破吴师,夫差自尽,吴国灭亡。公元前333年(一说公元前306年),楚灭越,吴地属楚。

秦王政二十五年(公元前222年),秦平定江南,置会稽郡,并置吴县(今苏州)为郡治。公元前209年,项梁、项羽杀会稽郡守殷通,起兵反秦。公元前202年,刘邦灭项羽,会稽郡转属汉。梁太清三年(549)侯景叛乱,遣将进攻吴郡,苏州城惨遭荼毒。唐乾符四年(877),浙江狼山镇遏使王郢叛乱被平定,苏州城遭到破坏。南宋建炎四年(1130)二月,金兵南侵,入平江,纵兵屠城,古城几成废墟。元至正十六年(1356),张士诚占平江,自称吴王。至正二十七年(1367)九月,朱元璋部攻克苏州,张士诚兵败。

明嘉靖三十三年(1554)六月,倭寇进犯苏州,苏州府同知任环率领苏州军民奋勇杀敌。清顺治二年(1645),清军南下,占领苏州。咸丰十年(1860),太平天国李秀成攻克苏州,建立苏福省,苏州为省会。同治二年(1863),清军收复苏州。宣统三年(1911)九月十五日,在武昌起义影响下,江苏巡抚程德全在苏州宣布独立,苏州"和平光复"。

1937年11月19日,侵华日军第十军海劳原部攻入苏州,苏州沦陷。1945年8月15日,日本宣布无条件投降,苏州光复。

1949年4月27日,中国人民解放军进入苏州,苏州宣告解放。1949年4月30日,苏州市人民政府成立。1953年1月,苏州市调整为省辖市。1958年7月5日,苏州市改隶苏州专署领导。1962年6月25日,苏州市恢复为省辖市。1981年1月,苏州市恢复人民政府名称。1983年,苏州地区行政公署撤销,苏州市实行市管县体制,辖吴县、常熟、沙洲、太仓、昆山、吴江六县(市)。

苏州泰伯庙　约公元前11世纪，泰伯、仲雍奔吴。后世为纪念泰伯南奔，分别在苏州、无锡建泰伯庙。苏州泰伯庙始建于东汉桓帝永兴二年（154）。图为苏州泰伯庙。

季札挂剑

吴国季札出使列国,途经徐国。因见徐君羡慕自己所佩宝剑,欲归来时相赠。回程时徐君已经去世,季札将剑挂在他的墓旁树上。图取自山东嘉祥武梁祠东汉画像石。

专诸刺王僚

吴王僚继承王位,诸樊之子光不服,令壮士专诸乘宴请之际用鱼肠剑刺杀僚,光由此即位,为吴王阖闾。图取自山东嘉祥武梁祠东汉画像石。

要离刺庆忌

阖闾登上王位,王僚之子庆忌逃亡在外,企图借助诸侯国的力量回国讨伐,阖闾派壮士要离行刺庆忌。图取自山东嘉祥武梁祠东汉画像石。

阖闾伐楚 公元前506年，阖闾率军，以伍子胥为主谋、孙武为将，西破强楚。在柏举之战中五战五胜，攻入楚国都城郢。此为楚昭王弃郢西奔图，图载清刊本《东周列国志》。

夫差伐越 公元前494年，吴国在夫椒之战中打败越国，越王勾践求和。图载清刊本《东周列国志》。

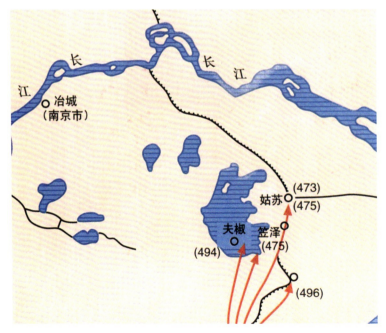

吴越战争图 阖闾十九年（前496），阖闾伐越，史称槜李之战，阖闾在战斗中因伤去世。夫差二年（前494），夫差伐越，在夫椒之战中击败越国，勾践求和。夫差十八年（前478），勾践起兵攻吴，在笠泽大败吴师。夫差二十三年（前473），勾践率军攻入吴都。夫差自尽，吴国灭亡。图载《上下五千年》。

勾践灭吴 越王勾践于公元前473年率军攻入吴都,夫差自尽。图载清刊本《东周列国志》。

春申君治吴 楚考烈王十五年(前248),楚相春申君黄歇封于吴,他以故吴废都为都邑着力营建修复城池。图载清刊本《东周列国志》。

春申君庙 在中街路王洗马巷。黄歇在吴故都(今苏州)修筑城阙、宫室,并在吴地浚治吴淞江,开河修渠,兴利修患,对江南的发展贡献甚大。吴人为纪念他的功绩,曾在各地建造春申君祠庙供奉,唐以后又奉其为苏州城隍神。

秦始皇巡行图 公元前210年，秦始皇巡视楚、越、吴、齐和燕国旧址，在会稽刻石记功，颁布法令。车队行至沙丘，始皇帝驾崩。图载《中国全史彩图版》。

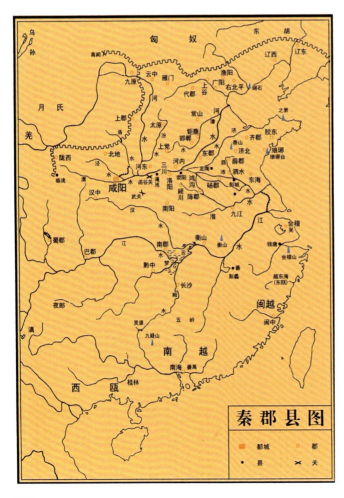

秦郡县图 秦始皇统一全国后，废除分封诸侯制，建立郡县制，将全国分为三十六郡。图载《中华文明大博览》。

项羽吴中起兵 秦二世元年(前209),继陈胜、吴广起义之后,项梁、项羽在会稽郡治(今苏州)杀郡守殷通,起兵反秦,率江东子弟兵八千渡江西去。秦二世三年(前207),在巨鹿之战中消灭了秦军主力,自立为西楚霸王。图为项羽像,出自清代金古良《无双谱》,载《话说中国》。

愧见江东父老
项羽兵败垓下,因愧见江东父老,自刎于乌江。图为《霸王别姬》,出自清代《吴友如画宝》。

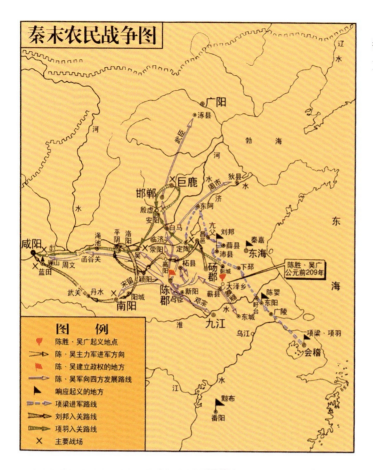

秦末农民战争图 图载《中华文明大博览》。

孙策墓 孙策（175～200年），字伯符，吴郡富春人。父孙坚死后，孙策率其残余部曲千人，渡江削平江东割据势力，占领吴郡、会稽等郡，建立孙氏政权。曹操上表汉帝，授讨逆将军，封吴侯。建安五年（200）于丹徒遇刺身亡，归葬于苏州盘门外。图为苏州保墓会于1921年所立碑，已毁。

隋改吴州为苏州

隋文帝开皇九年(589),隋灭陈,平定吴州,因城西有姑苏山,遂将吴州改名苏州,别称姑苏,这是苏州得名之始。开皇十一年(591),杨素把州治迁至横山之东,今名新郭。图为石湖东侧新郭村一带,摄于1999年。

修拓江南运河 隋统一南北后,开通了横贯南北的大运河。其中的江南运河,凿于大业六年(610),自京口历常州、无锡、苏州、秀州至余杭。图为吴江境内的大运河,摄于民国时期。

隋运河图 江南运河是隋炀帝所开南北运河最南端。自春秋时代迄隋之前,运河即不断开凿,隋炀帝下令在原有河道的基础上拓宽加深,或截弯取直,予以整修。图载《上下五千年》。

鉴真东渡日本 唐天宝十二年(753),鉴真在连续五次启航都因风暴险阻而未果之后,携带大量佛经和艺术品,从黄泗浦入海,历经千难万险,在次年抵达日本。左图为鉴真塑像;右图为鉴真东渡纪念地,位于今张家港市黄泗浦。

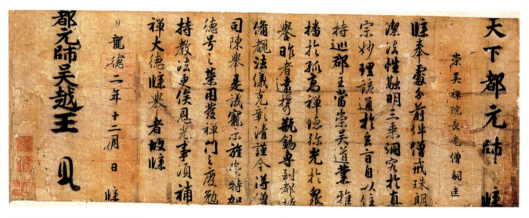

苏州归属吴越国 唐末藩镇割据,光化元年(898),钱镠夺得苏州,苏州成为吴越钱氏立足江浙、维持割据的重要基地。图为吴越王钱镠批牍,载《话说中国》。

范仲淹在苏州 北宋景祐元年(1034),范仲淹任苏州知州,创办州学。后人称"天下有学吴郡始"。同年六月,苏州遭遇洪涝,范仲淹"浚河、置闸、修围"三管齐下,洪水得以平息。图为明代范仲淹像,无款,南京博物院藏。

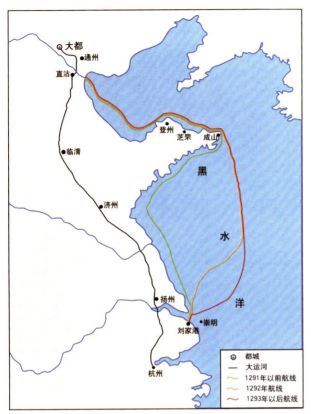

元代大运河与漕粮海运线路图 元初大运河北方段湮塞,海盗出身的朱清、张瑄受抚后,奏议海运漕粮,太仓刘家港由此开创海运漕粮。图载《上下五千年》。

张士诚据吴 至正十六年(1356),张士诚占领苏州,改平江府为隆平府,建立大周政权,继而又自称吴王。至正二十六年(1366)朱元璋派大将徐达、常遇春围攻苏州城,张士诚固守十个月,城破被俘。图为张士诚纪功碑,位于北塔报恩寺。

元末农民起义示意图 图中显示,苏州为张士诚部占据,图载《中国全史彩图版》。

郑和刘家港七下西洋 明成祖主张"内安诸夏,外抚四夷",命郑和为钦差正使宣慰各国,启航出使西洋。自永乐三年(1405)起至宣德五年(1430),郑和七次从太仓刘家港启锚远航,抵达亚非三十多个国家和地区。郑和七下西洋是15世纪世界上规模最大的航海活动。图为太仓天妃宫内的郑和塑像。

任环抗倭 明嘉靖中,倭寇频繁骚扰东南沿海。任环(1519—1558),山西长治人,苏州府同知和苏松兵备副使,领导军民在苏州、太仓、昆山、吴江等地抗击倭寇。图为任环逝后嘉靖皇帝的谕祭碑,苏州碑刻博物馆藏。

铁铃关 位于苏州枫桥,明嘉靖年间为抗击倭寇建造的关隘敌楼。摄于20世纪80年代。

木渎敌楼 位于苏州木渎运河畔,建于明嘉靖年间。摄于20世纪30年代。

胜墩敌楼 明嘉靖三十四年(1555)正月,吴江水兵毙伤流窜平望盛墩的倭寇300人,盛墩由此改名胜墩。摄于20世纪30年代,位于平望胜墩运河之东。

义风千古　天启六年(1626),苏杭织造李实勾结巡抚毛一鹭逮捕罢官居家的前吏部主事周顺昌,激起民变。魏阉派兵镇压,颜佩韦、沈扬、杨念如、马杰、周文元五人惨遭杀害。图为山塘街五人之墓的义风千古牌坊。

复社在苏州建立　明王朝危机四伏,继东林党之后,以太仓人张溥、张采为首的一批江南文人,于崇祯二年(1629)在苏州尹山召开复社成立大会。复社"党羽半天下",全国有姓名可考的社员达3025人,张溥被称为"在野政党之魁杰"。图为尹山大寺山明代复社成立处遗址。

康熙御批苏州织造李煦奏折　苏州织造局除生产御用和皇家各类织物之外,还是清朝皇帝专驻江南的特殊"情报"机构,堪称朝廷重要耳目。图为康熙帝御笔朱批的关于苏州织造李煦上言江南经济亏空的奏折,故宫博物院藏。

康熙南巡

自康熙二十三年(1684)起,康熙帝先后六次南巡,每次都驻跸苏州。图为王翚绘《康熙南巡图》中康熙帝驻跸苏州阊门的情景。

乾隆南巡

乾隆帝仿效其祖父六下江南,每次来回也都驻跸苏州。图为徐扬绘《乾隆南巡图》中乾隆帝进入胥门时的情景。

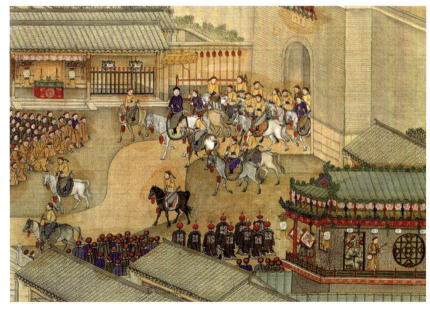

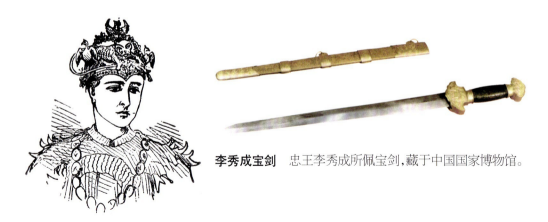

李秀成宝剑　忠王李秀成所佩宝剑,藏于中国国家博物馆。

太平天国在苏州　咸丰十年四月十三日(1860年6月2日),太平军攻占苏州,建立了太平天国苏福省,苏福省军民政务由忠王李秀成主持。图为英国人呤唎所画的李秀成像。

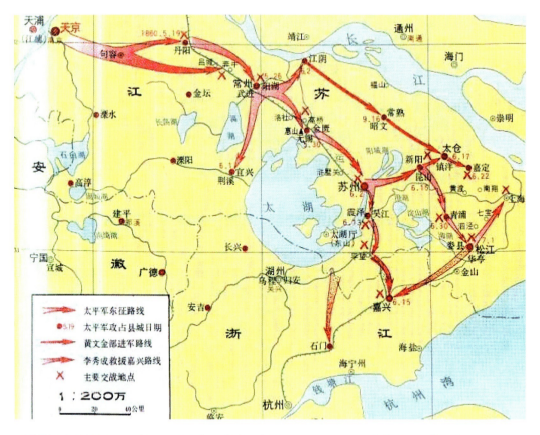

太平军东征线路图　图中所示为太平军从天京出发,进军苏南、上海和浙北的线路图,其中含有太平军主要作战地点与李秀成救援嘉兴线路图。

清军攻占苏州 同治二年(1863),李鸿章督清军克复苏州。图为清宫廷画家所绘《平定粤匪战图》之十七《苏州省城战图》旧照,故宫博物院藏。

李鸿章和苏州洋炮局 清同治二年(1863),李鸿章在桃花坞原太平天国纳王府建立苏州洋炮局。苏州洋炮局是中国近代最早引进西方先进技术、使用机械设备制造洋枪洋炮的第一个机械化兵工厂,它标志着中国近代兵器工业的诞生。图为李鸿章旧照和苏州洋炮局使用过的机器设备。

青旸地设立日本租界 《马关条约》订立后,清廷屈从日本政府胁迫,同意在苏州开辟日租界,面积483.876亩。图为青旸地日本租界。

南社成立

清宣统元年(1909)十月初一日,由陈去病、高旭、柳亚子、苏曼殊等人发起的20世纪第一个革命文学团体南社在虎丘张国维祠正式成立。图为南社成立合影。

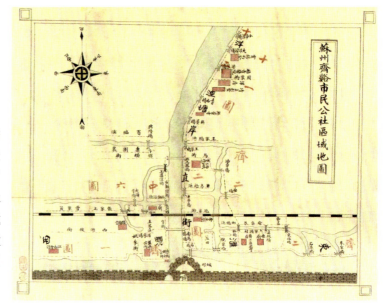

地方自治与市民公社

宣统元年(1909),清政府颁布《城镇乡地方自治章程》,苏州城厢由此成立了以街道为区划的自治团体市民公社。至民国初共成立27个,于1928年全部撤销。图为齐溪市民公社区域地图。

苏州新军参加秋操 甲午(1894)、庚子(1900)两次战争后,清政府仿效西方各国编练新军。苏州继北洋、湖北之后,设武备学堂培养军官,设督练公所,推行征兵,编制新军。光绪三十四年(1908),南方新军在安徽太湖县附近进行演习,苏州步队一标参加了太湖会操。上图为新军在秋操中的演练场景;下图为新军在操练中释放氢气球。

成立商会　清政府于光绪三十一年(1905)批准成立苏州商务总会。商会以"联商情、开商智、扩商权"为宗旨,在清末成为试行地方自治的一个重要组织。图为位于西百花巷的吴县县商会,摄于民国年间。

商团维持社会治安　苏州商会于光绪三十二年(1906)创设苏商体育会,实施武装训练。图为商团第一支部成立留影。

苏州和平光复 武昌起义爆发后,全国各地纷纷响应。1911年11月5日,江苏巡抚程德全以"兴汉安民"为号召,在苏州正式宣布江苏独立。图为《申报》11月7日所载《苏城光复记》。

江苏巡抚程德全图像 程德全在光复前任江苏巡抚时的图像。

江苏都督程德全图像 程德全在光复后的中华民国军政府任江苏都督时的图像。

中国同盟会设立苏州支部　清光绪三十一年(1905),苏州志士先后在东京、上海等地加入中国同盟会,1912年2月设中国同盟会苏州支部于留园隔壁。图为该支部会员大会合影。

国民党苏州支部成立　1912年8月,宋教仁在上海改中国同盟会为国民党,奉孙中山为总理。10月13日,国民党苏州支部在沧浪亭五百名贤祠召开成立大会。图为沧浪亭旧貌。

五四运动在苏州 1919年五四运动期间,苏州大中学校学生多次在公共体育场集会游行,"毋忘国耻""抵制日货""同胞速醒"等口号响遍全城。

声援五卅运动 1925年5月30日,上海发生了震惊中外的五卅惨案。5月31日苏州各界举行集会,声援上海人民的爱国斗争运动。图为常熟市民集会声援的情形。

中共苏州独立支部成立 1925年9月,中共党员侯绍裘、张闻天与原在苏州乐益女中任教的中共党员叶天底组织成立了中共苏州独立支部。图为中共苏州独立支部所在地乐益女子中学(今体育场路)。

欢迎北伐军 1927年3月21日,参加北伐的国民革命军二十一师在师长严重率领下由吴江进入苏州,苏州各界人士在公共体育场举行欢迎大会。

沙洲农民暴动 1927年11月27日夜,沙洲县中共党员茅学勤率领农民举行革命暴动。上图为后塍农民暴动领导人茅学勤;下图为农民暴动指挥中心旧址,位于张家港市文村东街。

建立中山堂　孙中山于1925年逝世。1929年吴县县政府提议在三清殿后弥罗宝阁旧址建造中山堂,至1933年竣工。图为苏州中山堂旧影,摄于民国年间。

沪宁线上迎灵　1929年孙中山遗体由北京移葬南京中山陵。图为沪宁线上迎接孙中山灵柩的宣传列车。

"一·二八"淞沪抗战时的苏州 1932年1月28日夜,日军进攻上海,驻守上海的国民党第十九路军在蔡廷锴将军率领下奋起抵抗,"一·二八"淞沪抗战爆发。图为十九路军教导总队在太仓杨林口抵抗登陆日军。

淞沪抗战阵亡将士追悼大会 1932年5月28日,淞沪抗战阵亡将士追悼大会在苏州公共体育场举行。图为追悼大会主席台,右二为军长蔡廷锴,右三为旅长翁照垣,右一为参谋长赵一肩。

蔡廷锴接受采访 苏州记者现场采访蔡廷锴将军。

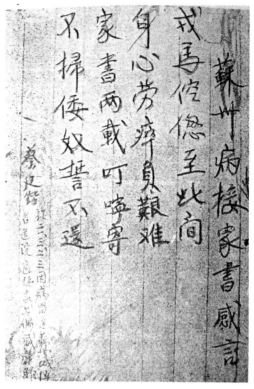

蔡廷锴将军在苏诗作 十九路军军长蔡廷锴在苏州病中接到家书后的感言诗。

苏嘉铁路通车 因《淞沪停战协定》规定,中国军队不准进入上海地区,国民政府为增强国防,缩短去闽浙的运程,决定修筑苏嘉铁路,1935年2月动工。同年宋希濂的三十六师进驻苏州,沿苏嘉铁路构筑半永久性地堡和明堡。图为1936年7月15日,苏嘉铁路建成通车仪式。

七君子事件 1936年11月,国民党当局在上海逮捕全国各界救国联合会沈钧儒、章乃器、邹韬奋、沙千里、王造时、李公朴、史良七位领导人,并将他们关押在苏州。在宋庆龄等人的援救下,爱国人士于次年7月31日获释。图为马相伯与七君子合影。

中国军队抵抗日军侵略 1937年7月7日卢沟桥事变爆发。8月11日日本舰队驶集黄浦江准备登陆,张治中奉命连夜从苏州率军进入上海。13日日本海陆空军向驻沪中国军队发起进攻,"八一三"淞沪抗战爆发,中国军队奋起抵抗。图为转战东线的中国军队。

日军轰炸苏州 从1937年8月16日起至10月末,日军先后来苏轰炸一百三十余架次。阊门、金门、葑门、齐门、石路、道前街、观前街、沧浪亭、火车站等处均受到严重破坏。图为日机投掷燃烧弹烧毁阊门石路一带的镜头,被毁地区面积达几万平方米,大火燃烧三天三夜,石路一带遂成焦土。

太仓陷落 1937年11月,日军从浏河口南沿江登陆,一路杀烧,沿江七十二家村首当其冲,六七百户人家、两千余间房屋被烧成一片焦土,死难群众七八十人。11月14日县城沦陷。图为日军进入县城。

常熟陷落 1937年11月13日,日军在白茆口以西登陆,先头部队沿途烧杀抢掠,被害群众3000余人。11月19日县城沦陷,入城前后日军又杀害无辜群众达1500人左右。图为日军冲进虞山城门。

昆山陷落 1937年11月15日上午6时,从杭州湾登陆的日军攻入昆山城内。昆山损失严重,人口死亡3762人,其中城厢2362人。图为日军占领昆山,摄于玉峰山下。

苏州沦陷　1937年11月19日上午9时,日军第九师团富士井部队由苏州平门入城,下午日军第十军海劳原部队由娄门入城。图为11月24日,以富士井部队为首的日军在平门举行所谓入城式。

日军铁蹄下的苏州城　日军占领苏州前后,吴县全县死亡约6774人,其中城区3738人。此外,日军还屠杀数以千计的外地难民及中国被俘士兵。当时的《朝日新闻》载,日军入城俘中国士兵2000余人,日军上海派遣军司令官曾密令"杀掉全部俘虏"。图为日军铁蹄践踏在护龙街上,被害市民横尸街头。(注:右侧路边被画上线者即为被害市民,此图曾被日本军方定为"不许可"发表的照片。)

日伪"清乡" 1941年初,日本侵略军执行"清乡"方案。图为"清乡区新国民训练所"合影。

新四军转战江南 苏、锡、常地区的新四军在英勇作战。

水乡作战 战斗在江南水乡的"江抗"部队。

新四军东进 1939年5月,新四军第一支队第六团以江南抗日义勇军(简称江抗)名义东进苏州、常熟等地开展游击战。图为江抗部队在阳澄湖乘舟前进,中间站立者为叶飞。

常熟"民抗"常备队
1938年8月,常熟人民抗日自卫队(简称"民抗")在梅李周家宅基成立。图为常熟"民抗"部队。

"民抗"部队医务所
常熟民抗常备队活跃在阳澄湖周边地区。图为"民抗"部队流动医务所。

江南新四军北撤
在国共重庆谈判中,中共为表示和平建国的诚意,主动将江南新四军撤出。图为1945年10月21日,南丰(位于今张家港市)之战告捷后,新四军渡江北撤。

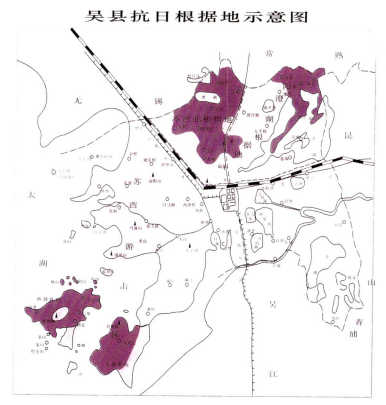

吴县抗日根据地示意图 抗战时期,吴县有三块抗日根据地,分别是阳澄湖根据地、苏西北根据地以及苏西根据地。图载《往事回眸》。

苏州地区中共组织和抗日武装分布图　载《苏州革命画史》。

中共党证　1944年10月,江南新四军党务委员会所发中共党证。

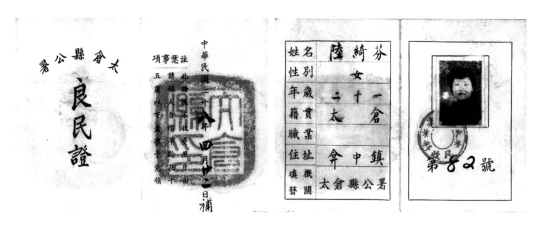

"良民证" 抗战沦陷时期,日本侵略者对中国老百姓进行身份管理,发放"良民证"。图为1939年太仓县公署补发的"良民证",由注意事项可知:凡十五岁以上的中国百姓,要自备照片认领"良民证"。

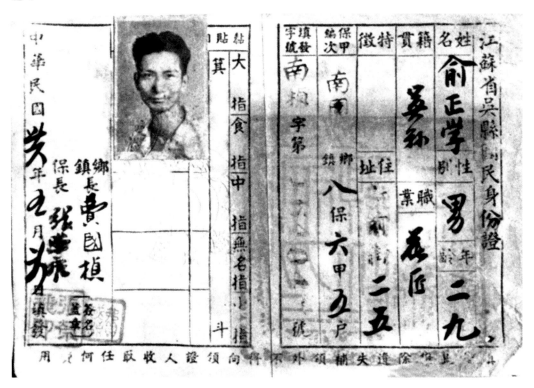

国民身份证 1947年由吴县县政府发给。

进驻苏州的吴县保安团 1945年8月15日,日本宣布投降。原活动于吴、锡、虞、昆境内的江苏省保安第六纵队进驻苏州,改编为吴县保安团。图为吴县保安团第一大队官佐合影。

惩治汉奸 1946年设在苏州道前街的江苏高等法院以"通谍敌国,图谋反抗本国"之罪审判陈公博、褚民谊、缪斌、陈璧君等大汉奸。图为江苏高等法院门前各界人士打听汉奸受审消息的情景。

陈公博受审 1946年4月,伪国民政府代主席陈公博在江苏高等法院受审,被判处死刑。

倪征𣋉参加东京审判 毕业于东吴大学法学院的吴江人倪征𣋉,担任远东国际军事法庭中国检察官首席顾问,是参与审判日本甲级战犯的中国主力法官之一,对土肥原贤二、板垣征四郎、松井石根等侵华主要战犯提出了有力的控诉。图为1947年3月4日,参加东京审判的部分国际检察组成员在法庭宣誓就职,立者左三为倪征𣋉。

人民解放军登陆江南 1949年4月21日,中国人民解放军29军85师在双山、长山一线登陆。

渡江战役登陆纪念碑 为纪念1949年渡江战役中在该地牺牲的200余名烈士而立此碑,坐落于张家港市金港镇巫山之巅。

解放军进军苏州

1949年4月27日晨6时40分,人民解放军分别从平门、阊门、金门、娄门入城,古城苏州宣告解放。图为解放军在进军苏州途中休息。

苏州解放　图为1949年4月27、28日,苏州报纸上刊登苏州光荣解放的消息。

庆祝苏州解放　1949年5月8日,市民在观前小公园冒雨集会庆祝苏州解放。

上海解放号列车　1949年5月,人民解放军在苏州火车站集合,前往参加解放上海的战役。

常熟解放 1949年4月27日,常熟梅北、梅南、虞西等武工队进入常熟市区。图为常熟纱厂工人欢迎武工队进城。

军管会与政府人员 图为苏州军管会(佩戴臂章者)和苏州市政府工作人员合影,摄于1950年初。

庆祝常熟解放 群众集会游行,庆祝常熟解放。摄于1949年5月。

苏州市民庆祝中华人民共和国成立 1949年10月1日，摄于观前小公园。

塘桥区群众庆祝中华人民共和国成立 1949年10月1日，塘桥区（沙洲）群众集会，庆祝中华人民共和国成立。

太湖剿匪 1949年7月,中共苏南区委员会和行署、军分区成立太湖剿匪委员会,苏州军分区司令员王治平为主任委员,薛永辉为副主任委员。太湖剿匪斗争从1949年5月至1950年12月,共歼灭匪特200余股。图为参加剿匪的指战员在光福留影。

庆祝建国一周年 1950年10月1日,常熟人民庆祝中华人民共和国成立一周年。

观前街上的五星红旗　图为观前街群众集会游行中的五星红旗与毛泽东主席画像,摄于1950年。

土地改革 1950年6月,中央人民政府颁布《中华人民共和国土地改革法》。11月初,全面展开土地改革。图为吴江盛泽15名乡长在澄溪乡参加土改工作会议。

土改动员大会 太仓岳王大众乡召开土地改革动员大会。摄于1950年冬。

走访贫农 土改工作主要由乡政府和农民协会具体负责,地委和县、区派出的工作队协助指导,执行依靠贫农、雇农,团结中农,中立富农的路线。图为太仓土改工作队走访贫苦农民家庭,摄于1950年。

分配财产 土改中没收地主的多余财产,将其分配给广大贫苦农民。图为太仓农民分到的生活资料,摄于1951年。

分配生产资料 土改中常熟大义乡农民顾毛根分到了一头耕牛。摄于1951年。

土改分田地 土改中苏州地区共没收和征收土地303.22万亩,土改结束时,这些土地都分给了无地和少地的农民,"耕者有其田"终于成为社会现实。图为昆山农民到地头去丈量土地,摄于1951年。

第二章 军政纪略

敲锣打鼓去插标
图为常熟农民手擎着国旗,敲锣打鼓,为在土改中分到的土地插牌定界。摄于1951年。

颁发土地证 土改最后的工作是复查发证。图为1951年苏州横塘乡庆祝土改胜利完成土地证颁发大会。

划分阶级成分 划分阶级成分是农村土改的主要步骤之一。图为常熟农村正在公布阶级成分划分榜。

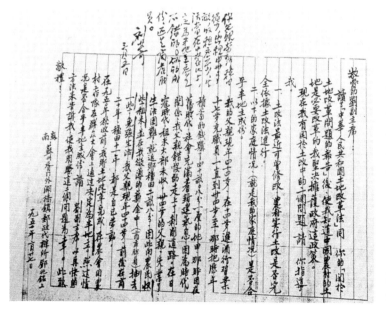

刘少奇给市民来信的批示 苏州胥门外湖桥镇邮政代办所邓兆铭对土改中其家庭评定成分问题有不同意见。1951年3月5日,中央人民政府刘少奇副主席在其所致信件上指示:"你父亲劳动种田很少,出租田卅多亩,收租应不少,生活当在中农以上,定为半地主应是不错的,你的成分还是商店职员。"摘自《渡村镇志》。

镇压反革命 中共中央和中央人民政府先后于1950年10月10日、1951年2月21日发布了《关于镇压反革命活动的指示》和《中华人民共和国惩治反革命条例》。图为苏州市民在人民路游行集会，坚决拥护"镇压反革命"运动。

保卫世界和平运动 朝鲜战争爆发后，中国政府强烈谴责美国侵略行径，呼吁世界和平。图为保卫世界和平游行，1950年摄于观前街。

抗美援朝运动在苏州 1950年10月25日中国人民志愿军跨过鸭绿江抗美援朝。图为苏州市工商界参加抗美援朝保家卫国游行示威。

抗美援朝会议

吴县召开抗美援朝会议。摄于1951年。

欢迎志愿军归国代表团

志愿军归国代表团到常熟做报告，受到市民热烈欢迎。摄于1951年4月22日。

捐献飞机大炮　1951年6月1日,中国人民抗美援朝总会发出《关于推行爱国公约,捐献飞机大炮和优待烈军属的号召》,号召发出后,全国人民积极响应。摄于常熟街头。

青年参军　抗美援朝运动中,太仓农村青年参军集合,准备奔赴前线。摄于1951年。

参军报名处 常熟农民踊跃报名参军,保家卫国。摄于1951年。

欢送新兵入伍 沙溪、双凤两区欢送新兵入伍的船只到达太仓西门码头。摄于1951年。

欢送新兵赴朝 在欢送新参军的志愿军战士赴朝大会上,时任太仓县县长浦太福(前排左二)与新兵合影。摄于1951年。

苏州市第三届各界人民代表会议 1950年10月9日,在宫巷乐群社举行的苏州市第三届各界人民代表会议。

苏州市第三届各界人民代表会议协商委员会全体委员合影　摄于1950年10月14日。

太仓县各界人民代表会议第三届常务委员会合影　摄于1951年11月20日。

普选人民代表　苏州市和各县进行第一次普选。1954年5月摄于常熟。

代表倾听意见　基层普选产生出的人民代表正在倾听群众意见。1954年5月摄于常熟。

农业合作化运动 1951年9月9日,中共中央召开第一次农业互助合作会议,通过了《关于农业生产互助合作的决议(草案)》。图为常熟农民申请加入互助组。

互助组丰产田 吴江县盛泽区北王乡南昆村杨进法丰产互助组俞阿大的千斤丰产田。摄于1952年11月18日。

第二章 军政纪略

公私合营 1952年，中共中央提出"过渡时期总路线"，开始逐步实现国家对农业、手工业和资本主义工商业的社会主义改造。图为苏纶纺织厂职工庆祝工厂实行公私合营。摄于1954年9月。

庆祝社会主义改造胜利 常熟召开庆祝社会主义改造胜利大会，宣告全市私营工商业实行合作化。摄于1956年1月18日。

115

"三反""五反"运动　图为苏州商业系统职工向政府呈报检举信,摄于人民路。

常熟"五反"运动　"五反"运动中,常熟万国大药房卖假药,引起市民公愤。摄于1952年。

整风运动 图为整风运动期间,苏州市各民主党派组织的整风总结展览会。

反右派斗争 图为反右派斗争中的大字报。

"大跃进" 图为"大跃进"期间苏州各界召开誓师大会,1958年摄于体育场。

农业浮夸风盛行 "大跃进"体现在农业方面的主要特征是农作物产量指标的严重浮夸,各地区相继召开会议,制定各自的农业"大跃进"目标。图为常熟召开的"贯彻总路线,稻棉万斤"万人誓师大会,摄于1958年3月16日。

宣传总路线 1958年5月，中共八大二次会议通过了"鼓足干劲,力争上游,多快好省地建设社会主义"的总路线。"总路线""大跃进""人民公社"并称为"三面红旗"。1958年摄于观前街。

摆擂台 "大跃进"期间各行各业都摆起擂台争当英雄好汉。图为吴江农村各社书记摆擂台，拿了红旗一字排开，摄于1958年。

成立人民公社 1958年，在贯彻建设社会主义总路线和"大跃进"高潮中，掀起大办人民公社的运动。图为常熟第一个人民公社和平人民公社成立大会。

人民公社化运动 苏州六县(市)各乡原有农业生产合作社5500多个，全部归并为一乡一社，撤销原乡镇体制，实行政社合一。高级社改称生产大队，下设生产队、生产组。图为1958年吴县横泾乡成立人民公社。

农村大办公共食堂

图为常熟农村人民公社所办的公共食堂，摄于1958年。

城市大办公共食堂

人民公社化运动期间，城市各区的街道组织一度改称人民公社，开办公共食堂。图为苏州城区街道开办的公共食堂，摄于1958年。

大炼钢铁　图为大炼钢铁期间苏州街巷民居庭院中建炉炼铁的情形,摄于1958年。

宝塔底下建高炉　常熟方塔下正在建设炼铁的小高炉,摄于1958年。

研磨缸甏粉　大炼钢铁运动中,许多群众都将家中缸甏打碎,研磨成粉,用以砌筑小高炉。1958年摄于太仓。

小高炉遍地开花 "大跃进"期间,各地建造的小高炉如雨后春笋,遍地开花。图为常熟虞山脚下兴建的小高炉群,摄于1958年。

庆祝建国十周年 在"大跃进"的高潮中,迎来了中华人民共和国成立十周年的庆典。图为在苏州体育场举行的国庆游行活动,摄于1959年。

党员干部大会 太仓县召开县、公社(镇)、大队、生产队四级党员干部大会。摄于1959年。

会议代表座谈 出席会议的代表要自带被褥,会场提供稻草做垫铺。图为太仓县干部大会上代表们席地而坐讨论发言。摄于1959年。

雷锋事迹展览会 1963年3月5日,《人民日报》发表了毛泽东题词"向雷锋同志学习"。图为苏州博物馆举办"雷锋烈士事迹展览会"。

《毛泽东选集》第四卷出版 沙洲县群众游行集会,庆祝《毛泽东选集》第四卷出版。摄于1960年。

全民皆兵

1958年7月22日，中共中央军事委员会扩大会议决议，指出实行全民皆兵的方针。图为苏州郊区民兵组织向女民兵举行授枪仪式，摄于1965年。

打靶归来

1962年，毛泽东主席提出民兵工作要做到组织落实、政治落实、军事落实（简称"三落实"）。图为太仓县民兵在海塘边实弹射击，打靶归来，摄于20世纪60年代。

水上射击训练

1964年市体委在相门内利用河道建成天然游泳池。图为民兵在相门河中进行射击训练，摄于20世纪70年代。

上山下乡 1964年4月24日，中共中央批转共青团中央《关于组织城市知识青年参加农村社会主义建设的报告》，提出动员大批知识青年上山下乡。图为远赴新疆参加建设的苏州知识青年启程，1964年8月摄于阊胥路太平坊附近。

支边知识青年到新疆 1965年9月，江苏支边知识青年抵达新疆和田地区洛浦县，受到各族人民的盛情接待。

"文化大革命"游行 1966年8月8日,中共中央通过关于"无产阶级文化大革命"的决定。图为苏州市民游行,摄于1966年8月。

"文化大革命"集会 图为常熟市民前往人民体育场,举行万人大会。

"破四旧" 图为常熟兴福寺佛像被造反派拆下运往人民体育场销毁。

"批斗"大会 1966年9月、10月间,许多党政领导干部受到冲击和批斗,致使各级党委逐渐陷于瘫痪。图为"批斗"大会场景。

"一·二六"夺权 图为苏州市造反派在体育场集会。

迁至城外的"苏州市革命委员会" 图为因发生派性武斗迁至城外金门路94号原金阊区机关驻地的"苏州市革命委员会",摄于1963年3月。

"吴县革命委员会"成立 图为"吴县革命委员会"成立挂牌仪式。

全面"武斗"爆发 1967年"苏革会"成立后,"造反"组织分裂为支持"苏革会"的"支派"和踢开"苏革会"的"踢派"。图为参与"武斗"的"造反派"。

"造反派"大联合

1967年9月22日,"支""踢"两派代表会同驻军代表赴北京谈判,双方达成十五条协议。图为苏州"支""踢"两派代表与驻军代表在北京谈判时合影。

长风厂工纠队

图为长风机械总厂所属的工纠第一连,摄于1969年4月。

第二章 军政纪略

知识青年"上山下乡"高潮 图为下乡知青在体育场登车启程,奔赴农村,摄于1968。

知青午餐 常熟农村,下乡知青集体用餐。摄于20世纪60年代末。

"忠字化"运动 "文化大革命"初期,全国兴起了"忠字化"运动。图为沙洲县杨舍镇群众在街头游行时跳"忠字舞"的场景。

农村社队讲用会 沙洲县农村生产队群众召开活学活用毛泽东思想讲用会,座谈学习毛主席著作的心得体会。摄于20世纪70年代中期。

农村公社政治学习会 吴江县盛泽公社领导召开的政治学习会。摄于20世纪70年代中期。

"一打三反"运动
1970年2月,中共中央发布《关于打击反革命破坏活动的指示》《关于反对铺张浪费的通知》《关于反对贪污盗窃、投机倒把的指示》,全国由此掀起了"一打三反"运动高潮。图为沙洲县某运输队召开的批斗会。

"批林批孔" 1974年,"批林批孔"运动在全国开展起来。图为"批林批孔"的大批判专栏。

普及大寨县 1975年10月20日,《人民日报》发表《普及大寨县》的社论,提出了建设大寨县的六条标准。图为杨舍镇街头开展的建设高标准大寨县的宣传演出活动。

抗震救灾 1976年7月28日唐山发生大地震后,全国各地进行防震抗震工作,各家各户搭建防震棚,机关单位也在防震棚内办公,历时两个多月。图为设置在防震棚内的沙洲县防震抗震指挥部。

毛泽东主席追悼大会 1976年9月9日,中共中央主席、中央军委主席、全国政协名誉主席毛泽东逝世。图为在苏州市体育场举行的追悼大会。

庆祝粉碎"四人帮" 图为苏州市民举行集会,庆祝粉碎"四人帮"。

工业学大庆 大庆式企业苏州绣品厂职工在努力生产,争取以优异的成绩迎接全国工业学大庆会议。摄于1977年。

平反冤假错案 1978年12月中共十一届三中全会后,开始全面、认真地纠正"文化大革命"中及其以前的"左"倾错误,拨乱反正,落实党的各项政策。苏州先后对在"文革"中遭受迫害的爱国民主人士和知识分子以及各单位领导平反昭雪。图为1977年9月中共苏州地委召开为原地委副书记王敬先平反昭雪的大会。

周瘦鹃悼念会 1978年8月31日,苏州市在怡园为在"文革"中受迫害致死的爱国民主人士周瘦鹃举行悼念会。

吴县召开群英大会　1978年摄于苏州市体育馆。

苏州市第五次党代会召开　粉碎"四人帮"后,市委的工作逐步走上正轨。1980年2月,中共苏州市第五次党代表大会召开。

文明礼貌教育 从1981年开始,全国开展"五讲四美三热爱"活动。图为小学生上街宣传文明礼貌。

学雷锋 "文革"结束后,雷锋精神重新发扬,每年3月5日,各种为民服务小组布满大街。图为北寺塔前缝补摊,摄于20世纪80年代。

选民登记 1979年10月,苏州地区举行第一次县、乡两级直接选举人民代表。图为太仓城厢镇居民在进行选民登记。

选举人民代表 太仓县城厢镇第二十八选区召开选举大会。摄于1979年10月。

分田到户 分田了,争取摸个好地块。摄于1982年。

家庭联产承包 从1982年起,农村普遍推行家庭联产承包责任制,激发了农民的生产积极性,粮食产量得到大幅提高。图为农民喜获丰收的场景,摄于20世纪80年代初期。

奖励亿元乡 常熟市委、市政府给福山、徐市等亿元乡奖励小轿车。摄于20世纪80年代初。

书画家慰问部队 苏州民进市委委员谢孝思(右四),画家沈彬如(右一)率队慰问广西、云南前线部队。摄于1981年。

恢复乡人民政府 从1983年7月开始,全国农村改变人民公社政社合一的体制,撤销人民公社,设立乡人民政府,将原生产大队改为行政村,建立群众性自治组织"村民委员会"。图为吴县北桥乡人民政府挂牌。

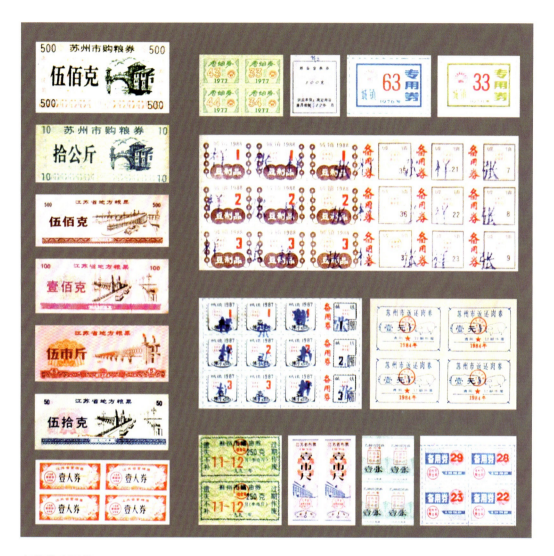

各种供应票券

从1960年起,苏州市对主要生活用品和副食品实施计划供应(即配给制),这种情况直到90年代初才完全消失。图为20世纪60年代至90年代初苏州市政府给市民发放的各种生活供应票券,其中有粮票、布票、豆制品票、油券、肉券、香烟券、鲜蛋券以及各种备用券等。

振兴吴县经济茶话会
1985年1月25日,吴县在深圳召开了振兴吴县经济茶话会,七十多名旅港同胞出席。

苏州外向型经济情况介绍会
为吸引外商投资,苏州市举行外向型经济情况介绍会。摄于1990年。

吴江市(新加坡)招商洽谈会
吴江市召开的外向型经济招商洽谈会。摄于20世纪90年代初期。

苏州高新区建立 1992年11月9日,国务院批准河西新区为苏州国家高新技术产业开发区。图为市政府举行新闻发布会,向中外来宾和客商介绍新区开发建设情况。

高新区建设之初 高新区主干道狮山路开始建设。摄于1992年。

高新区全景 摄于2008年。

苏州工业园区建立 1994年2月26日,中国政府与新加坡政府在北京签署了《关于合作开发建设苏州工业园区的协议》。图为苏州工业园区首期开发启动典礼,摄于1994年5月12日。

工业园区建设之初 园区通向苏州市区的道路破土动工。摄于1994年。

工业园区开发航拍图 重型卡车川流不息,正在向昔日的低洼水田里填土。摄于1994年。

园区管委会 开发之初的工业园区管委会,位于金鸡湖西,今金鸡湖大桥西堍北侧。摄于1994年。

张家港保税区 1992年10月16日,国务院批准设立张家港保税区,保税区设在张家港港区东侧。

张家港经济开发区 1993年11月11日,经江苏省人民政府批准,设立张家港经济开发区,开发区位于杨舍镇。

吴江经济开发区 1993年11月,经江苏省人民政府批准,吴江经济开发区在京杭运河东西两侧建立。

第二章　军政纪略

太仓新区启动建设　太仓县城东经济新区基础设施建设开工典礼。摄于1991年11月12日。

太仓港经济开发区　1992年太仓在城东建立经济开发区，2002年12月12日江苏省人民政府同意太仓港口开发区与太仓经济开发区合并，并更名为江苏省太仓港经济开发区。

常熟经济开发区 1992年8月8日,常熟建立沿江经济技术开发区,2002年江苏省人民政府决定将其正式更名为常熟经济开发区。开发区域分为两块,一块位于城厢东北近郊,另一块为沿江港区。图为常熟经济开发区管委会大楼。

昆山之路 1984年8月,昆山县依托老城区创办开发区。1988年7月22日《人民日报》刊登长篇通讯《自费开发——论昆山经济技术开发区》,并配发评论员文章,赞扬其发扬自力更生、艰苦奋斗的精神,走出了一条富规划、穷开发的"昆山之路"。图为昆山出口加工区内的工厂。

昆山经济开发区 1992年8月,国务院批准昆山开发区纳入国家级开发区序列,享受14个沿海港口城市经济技术开发区的有关政策,成为全国县级市中批准设立的首个国家级开发区。

吴中经济开发区　1993年11月,经江苏省人民政府批准,在苏州古城南部建立吴县经济开发区,2002年1月更名为吴中经济开发区。图为开发区管委会大楼。

相城经济开发区　2001年相城建区,2014年该开发区成功升级为国家级经济开发区。

花桥国际商务区　商务区地处苏沪交界处,2005年8月,江苏省委、省政府提出把商务城建成江苏省发展现代服务业的示范区,并列入省"十一五"规划重点服务业发展项目,是江苏省三大商务集聚区之一,2006年8月被批准为省级开发区。

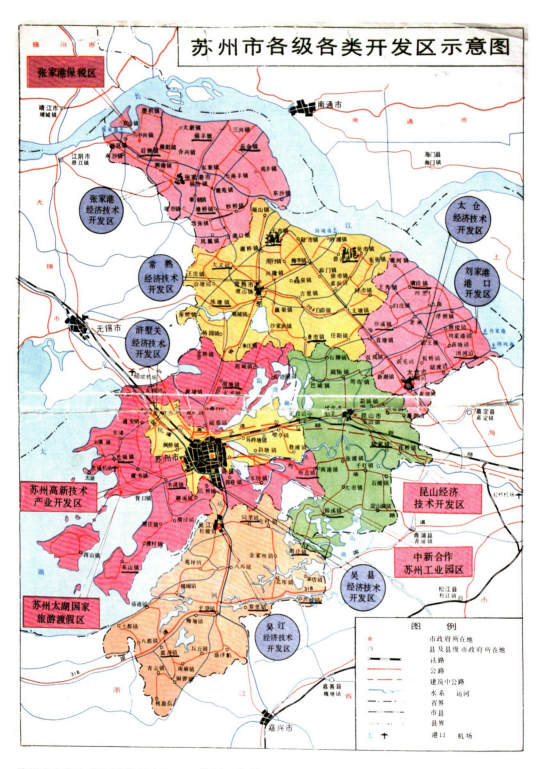

苏州市各级各类开发区示意图 20世纪90年代。

庆祝建城2500年　　1986年苏州举办庆祝建城2500年纪念活动。图为纪念大会会场。

迎接新世纪来临　　苏州市领导和海外友好人士参加寒山寺第22届除夕听钟声活动,共同聆听迎接新世纪到来的钟声。摄于2000年12月31日。

环古城风貌保护工程 2002年5月24日,苏州市环古城风貌保护工程开工。图为工程中盘门蟠龙桥建设工地。

山塘历史街区保护工程 2002年6月18日,山塘历史文化保护区保护性修复试验段工程启动。图为在吴一鹏故居举行的工程启动仪式。

平江历史街区保护工程 2002年,苏州启动了平江路风貌保护与环境整治的先导性试验工程。图为平江路吉利桥南段正在路面上铺砌传统长条石。

阊门重建 在环古城风貌保护工程中，市委、市政府领导听取古城保护专家意见，决定重建阊门。图为阊门重建时情景。

阊门历史街区保护 2008年10月，阊门历史街区西中市民国老街的保护修复工程正式启动。图为西中市街面整修之中。

相门重建 相门原名匠门，因吴王阖闾曾命铸剑高手干将于此设炉铸剑，故又名干将门。后称"相门"是音的转变。门在宋初曾被填塞。2012年政府根据政协提案，重建相门。

张家港市成立　1986年9月16日,沙洲县撤销,改设张家港市。图为张家港市成立大会。

吴江撤县改市　1992年2月18日,吴江撤县改市。图为吴江市成立大会。

吴县撤县改市　1995年7月,吴县撤县改设吴县市。图为吴县市成立新闻发布会。

吴县市撤销 2001年2月,经国务院批准,对苏州市部分行政区划进行调整。2月28日,苏州市和吴县市领导干部大会在吴县市大会堂召开,会上正式宣布撤销吴县市,成立苏州市吴中区和相城区。

设立吴江区 2012年9月1日,经国务院、省政府批复同意,撤销县级吴江市,设立苏州市吴江区。10月29日,市委、市政府召开吴江撤市设区大会。

《康熙南巡图·苏州篇》(局部)

第三章　衙署会所

春秋吴国子城,后世成为州郡治所,其位置一直没有变动。据宋《平江图》所示,其范围在今锦帆路以东、公园路以西、言桥下塘以南、十梓街以北。隋开皇十一年(591),杨素平定江南后,在西郊横山东麓另筑新城,州、县治悉徙新郭。唐武德七年(624),复还旧治。明太祖吴元年(1367),因子城已毁,遂在府前街织里桥东建苏州府新府治(今人民大会堂址)。明洪武元年(1368),吴县治移置太平桥西北(今古吴路)。长洲县治移置乌鹊桥西北(今长洲路)。明永乐、宣德年间,巡抚大臣莅郡,在今书院巷建巡抚行台。清雍正二年(1724),析长洲县地置元和县。雍正六年,在府治东北(今元和路)建县治。雍正八年,江苏按察使自江宁移苏州,以歌薰桥东兵备道署改建为按察使署(今道前街按察使署旧址)。

清宣统三年(1911),江苏巡抚程德全宣布和平光复,即以抚署改为都督府,后改为江苏都督府。1930年5月,吴县政府迁入府前街(即清苏州府署)。

1949年4月30日,成立苏州市人民政府,市政府设在府前街(今道前街)原吴县县政府旧址,不久,迁至道前街原江苏高等法院旧址(今道前街260号)。1967年1月26日,"造反派"夺权。2月18日,成立毛泽东思想苏州市革命委员会,进驻人民路80号中共苏州市委大院办公。9月,由于"武斗","苏革会"撤到城外金阊区人委机关挂牌办公。1968年3月,迁回人民路80号。1981年1月,改为苏州市人民政府。1949年4月30日,成立苏南苏州行政区专员公署,1951年10月迁至五卅路。1949年4月,吴县人民政府设于浒墅关。1950年6月迁东大街11号开元寺旧址。

明清时期,各地商贾云集苏州,商人们为维护自身的利益,纷纷组织各种会馆和公所。会馆多创设于明万历和清康熙、乾隆年间;公所多创设于清道光、咸丰年间。会馆大都以同一地区旅苏商人的集结为主,不分行业;公所是按行业集结的,既有外地旅苏的,也有苏州本地的,又有按同籍的同一行业组成的。据统计,苏州有会馆60余处、公所200余处。

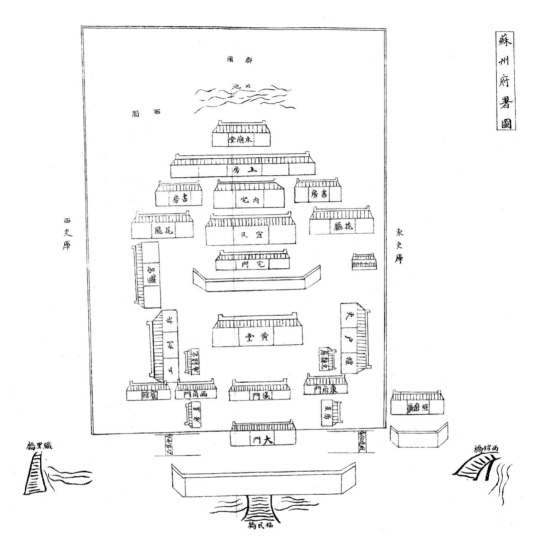

苏州府署图 苏州府署原位于古城子城内,明太祖吴元年(1367),因子城已毁,遂于城西南府前街建苏州府治(今道前街人民大会堂址)。图为明清时期的苏州府署图,图载民国《吴县志》。

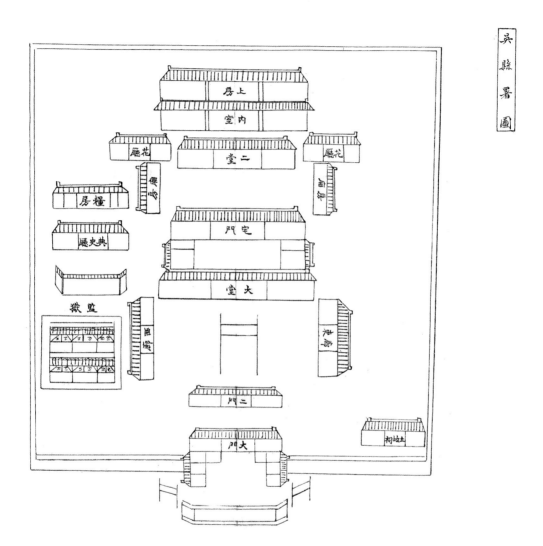

吴县署图 秦建吴县时,立县治于子城东北打急路桥(今保吉利桥,位于白塔东路与平江路相交处)之东。唐武周万岁通天元年(696),移县治于州廨西北褚家巷(在今苏州市人民路马医科),宋沿袭之。元大德八年(1304),移附于平江路总管府府治谯楼内右隅(在子城内)。明洪武元年(1368),县治移置太平桥西北处(在今苏州市古吴路上)。1930年5月,吴县政府迁入苏州府前街旧苏州府署内(今苏州道前街人民大会堂址)。1949年4月27日,吴县人民政府驻浒墅关镇寺桥弄庙宇内。1950年6月,县政府移驻苏州市东大街11号开元寺旧址。图为明清时期的吴县署图,址在太平桥西北处,即今养育巷古吴路,载民国《吴县志》。

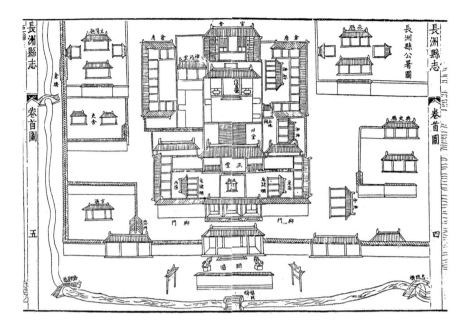

长洲县公署图 唐代设置长洲县时,县治在府治后东北3里处(今旧学前附近)。明洪武元年(1368),移置乌鹊桥北长洲路,直至清末。图为明清时期的长洲县署图,载清乾隆《长洲县志》。

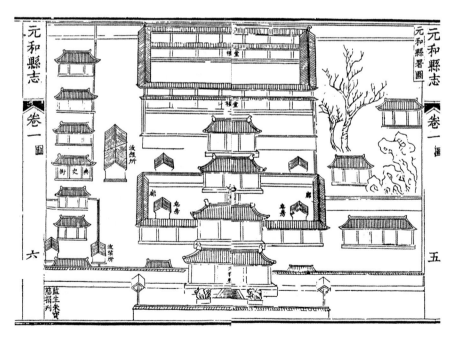

元和县署图 清雍正二年(1724),析长洲县地置元和县,雍正六年建治于府治东北1里十郎巷(在今元和路苏州市一中),直至清末。图载清《元和县志》。

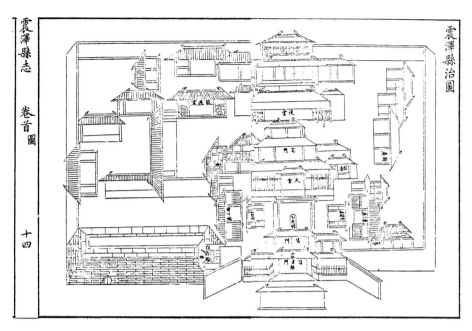

震泽县治图 清雍正四年（1726），分吴江之半置震泽县，两县同城分治，南为吴江县治，在今县府街址；北系震泽县治，在今吴江看守所一带。图载清《震泽县志》。

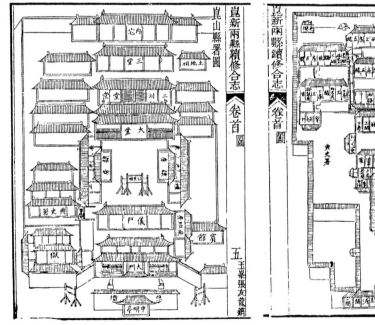

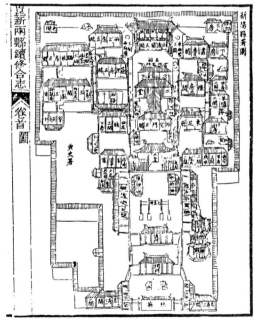

昆山县署图 位于玉山镇。图载清《昆新两县续修合志》。

新阳县署图 清雍正二年（1724），昆山置新阳县，县治设于昆山县治东南1里处。图载清《昆新两县续修合志》。

衙署

子城(王府基)遗址 苏州子城自春秋至元末,始终是行政中心。张士诚时则为太尉府,其兵败后沦为废墟,名王府基。图为苏州子城(王府基,又称皇废基)遗址旧影,摄于20世纪20年代。

江苏巡抚衙门旧址 在书院巷20号,今苏州卫生学校内。明永乐年间成为应天巡抚行馆,清乾隆二十五年(1760)至宣统三年(1911)为江苏巡抚衙门,俗称抚台衙门。明清两代曾有不少名臣治事其中,如周忱、海瑞、汤斌、宋荦、陶澍、梁章钜、林则徐等。

江苏按察使署旧址 今道前街170号,原为苏州兵巡道署,清雍正八年(1730)改为江苏提刑按察使署,民国时为江苏高等法院。

织造署旧址 又称织造府、织造衙门,在带城桥下塘,今市第十中学内。清顺治三年(1646)改建明外戚周奎故宅为苏州总织局,俗称"南局"。康熙十三年(1674)建立苏州织造署,置织机800张,工匠2350名,织品专供皇室之需。

北局旧址 明代织染局设在玄妙观西南,清初在带城桥下塘设苏州总织局后,此地俗称"北局"。图为位于观前小公园南的北局街巷,1997年拆迁。

太平天国忠王府 在娄门内东北街。清咸丰十年四月(1860年6月),忠王李秀成率太平军攻占苏州。同年十月起,改建拙政园为忠王府,并收其东潘姓和其西汪姓等富室宅第,扩展为王府之地,形成一片包括官署、庭舍、园池的"绵亘里许"的宏伟建筑群。

民国吴县政府 民国吴县政府,位于府前街旧苏州府署内,即今道前街人民大会堂址。摄于20世纪30年代。

元和县衙旧址 位于元和路。清雍正二年(1724),分苏州府长洲县地置元和县。雍正六年,以十郎巷陈姓房舍改造扩建为衙署。民国时期,县衙旧址曾为机关驻地。后改作学校,今为第一中学校舍。摄于1993年。

吴江县政府 位于松陵镇县府路。摄于20世纪30年代。

吴县城厢第一区区公所 1931年1月,苏州市政区划并为三个城厢区,城厢一区区署位于娄门大街,城厢二区区署位于醋库巷,城厢三区区署位于三六湾。图为位于娄门大街的城厢一区区公所。

吴县警察局 1937年2月,吴县公安局改名吴县警察局。抗战胜利后国民党吴县县政府在长春巷原伪江苏省会警察局旧址复建吴县警察局。图为位于长春巷的吴县警察局。

苏州关税务司署 1896年苏州关税务司署在觅渡门外成立,开放港口,与各国通商贸易,故俗称洋关。图为关税务司署办公楼旧影。

府前街衙署旧址 明太祖吴元年(1367),因子城已毁,遂于城西南织里桥东建新的苏州府治,至清时亦为苏州府治。1928年,实行县、市分治,成立苏州市政府,市政府即在府前街清苏州府署内。1930年3月,苏州市撤销,吴县县政府接收苏州市政府,县政府迁入市政府址。1949年4月30日,中国人民解放军苏州市军事管制委员会成立,也设在原吴县政府内,其址即今道前街人民大会堂址。摄于1996年。

苏州市人民政府 1949年4月30日成立苏州市人民政府,地址在府前街原吴县县政府,不久即迁至原江苏高等法院,旧址即今道前街按察使署。

苏州市人民委员会　1955年后各地市、县人民政府均改为人民委员会,苏州市人民委员会址在人民路饮马桥。摄于20世纪50年代。

中共苏州地委　1968年3月26日,苏州专区成立"苏州专区革命委员会",1971年4月13日改称"苏州地区革命委员会",1978年7月改为苏州地区行政公署。图为位于五卅路94号的"苏州地区革命委员会"和中共苏州地委,摄于1978年初。

中共苏州市委　1983年1月,经国务院批准,全省实行市管县新体制,苏州地区和苏州市合并,市委机关迁至五卅路94号。

苏州市人民政府　1981年1月,根据《中华人民共和国地方各级人民代表大会和地方各级人民政府组织法》规定,将"苏州市革命委员会"改称苏州市人民政府,位于人民路80号。

第三章 衙署会所

张家港市委、人大、政府、政协 位于杨舍镇。摄于1990年。

常熟市委、人大、政府 位于虞山镇西门大街。摄于1990年。

太仓县委、政府 位于县前街,历史上是太仓州治所在地。摄于1990年。

昆山市委、人大、政府、政协 位于玉山镇人民路北首。摄于1990年。

吴江市人大、政府 位于松陵镇县府街。摄于2005年。

吴县县委、人大、政府、政协 1949年4月27日,吴县政府驻浒墅关镇寺桥弄庙宇内。1950年6月,县政府移驻苏州市东大街11号开元寺旧址。图为东大街驻地,摄于1985年。

金阊区区委、人大 位于金门路驻地。摄于1980年。

金阊区政府 金阊区人民政府,驻金门路94号。摄于1985年。

苏州市部分机关 位于道前街按察使署旧址。摄于2000年。

沧浪区机关 1951年10月18日，苏州城区成立东、南、西、北、中五个区人民政府。1955年10月1日，南区改称沧浪区。1983年沧浪区机关迁至十梓街158号，2012年10月1日沧浪区撤销，并入姑苏区。2005年摄于十梓街驻地。

平江区机关 1955年10月1日，苏州城区东区改称平江区。1985年平江区机关迁至萍花桥临顿路216号。2012年10月1日平江区撤销并入姑苏区。2005年摄于萍花桥驻地。

金阊区机关 1955年10月1日，苏州城区西区改称金阊区，至2000年金阊区机关一直驻金门路。2000年金阊区机关迁至西环路新庄，2012年10月1日金阊区撤销，并入姑苏区。2005年摄于新庄驻地。

苏州市机关 1997年5月,苏州市委、市政府、市人大、市政协机关搬出古城,迁入三香路998号新址办公。图为中共苏州市委、市人大、市政府、市政协机关大院。

姑苏区机关 2012年9月1日,经国务院、省政府批复同意,苏州市实施中心城市行政区划调整优化,撤销沧浪区、平江区、金阊区,设立苏州市姑苏区。图为位于平江新城的姑苏区四套班子驻地。

会馆、公所

全晋会馆 又称山西会馆,在平江路中张家巷,清乾隆三十年(1765)由旅苏晋商集资兴建于山塘街半塘桥畔,咸丰十年(1860)毁于兵火,光绪年间重建于此,今为昆曲博物馆。

武安会馆 别名河南会馆,在阊门内天库前10号,清光绪十二年(1886),由河南武安(今属河北省)旅苏绸缎业商人集资建造。

嘉应会馆 在胥门外枣市街9号,系广东嘉应州(今梅州市)所属程乡、兴宁、平远、长乐、镇平5县旅苏商贾集资创建于清嘉庆十四年(1809),2000年在原址东侧重建。摄于1980年。

三山会馆　别名天后宫,位于胥门万年桥大街121号,由闽帮商人建于明万历年间,毁于"大跃进"年代。摄于20世纪50年代。

安徽会馆之一　位于南显子巷,清同治三年(1864)李鸿章任江苏巡抚时将原皖山别墅改建为安徽会馆。

安徽会馆之二　别名敦化堂,位于枫桥路来凤桥堍,为南显子巷安徽会馆分馆,主要承担祠堂的功能,始建于民国初年,20世纪90年代重建。

冈州会馆 又名扇子会馆,位于山塘街92号,始建于清康熙十七年(1678),由广东新会扇商所建,新会古称冈州,故名。

岭南会馆 又名广东会馆,位于山塘街136号,始建于明万历年间,为广东商人所建。

汀州会馆 在阊门外上塘街285号,清康熙五十七年(1718)由福建上杭纸业在苏州客商集资兴建。上杭当时属于汀州,故名汀州会馆。2002年上塘街拆迁,会馆整体移建于山塘街通贵桥北,今辟为苏州商会博物馆。

东齐会馆 别名山东会馆，位于山塘街552号，山东鲁商建于清顺治年间。

宣州会馆 位于吴殿直巷8号，始建于清乾隆初年，安徽宣州黄烟商人所建，因宣州又称宛陵，故别名宛陵会馆。

陕西会馆 又名全秦会馆、陕甘会馆，位于山塘街508号，陕西秦商建于清乾隆二十六年（1761）。

潮州会馆　位于阊门外上塘街278号,清初广东潮州旅苏商人集资创建于阊门外北濠弄,康熙四十七年(1708)迁于此。

江镇公所　别名整容公所,位于马医科32号,为剃头业(理发业)的行业组织,从业者多为镇江、江宁等地区来苏州的谋生者,建于清嘉庆十三年(1808)。

玉器公所 别名周王庙,位于周王庙弄28号,原在石塔头,清同治年间移建于此,系苏州琢玉业供奉玉器业祖师周宣灵王的祠庙。

裘皮公所 又称皮货公所,位于景德路高井头2号,系皮货商人于清同治九年(1870)所建。

光裕公所 位于宫巷第一天门,由评弹艺人建于清乾隆四十五年(1780),1912年改称光裕社。图为光裕公所成立150周年纪念碑。

梓义公所 位于观前街清洲观前34号。清嘉庆年间始建于憩桥巷内,咸丰十年(1860)毁于战火。光绪十三年(1887)公所从憩桥巷移建于此,系木匠供奉祖师爷鲁班的专祠。

培元公所 在盛泽镇北大街登椿桥北堍,光绪二十三年(1897)建,为盛泽绸业公所。

徽宁会馆 在盛泽镇钱家浜,清乾隆三年(1738)由徽商拓建。摄于1980年。

济东会馆 在盛泽镇斜桥街,清嘉庆年间客居盛泽的山东济南府商人建,1923年重修。现存墙门、前厅、正厅三进。

丝业公所 在震泽镇太平街,1917年于清巡检司署旧址重建。摄于1985年。

《康熙南巡图·苏州篇》(局部)

第四章　城池胜迹

公元前514年,吴王阖闾命大臣伍子胥"相土尝水,象天法地",在江南平原上筑起了一座规模宏大的阖闾城。城四周辟"陆门八,以象天之八风,水门八,以象地之八卦",陆门八座是:西阊门、胥门;南盘门、蛇门;东娄门、匠门;北平门、齐门。唐时八门都开。宋初填塞蛇、匠二门,留阊、胥、盘、葑、娄、齐六门。南宋时为便于守卫,只开五门。元末张士诚占据苏州后,在六门添造了月城。民国时期,先后增辟和重辟金门、平门、相门和新胥门。1949年苏州解放时,共有阊门、胥门、盘门、葑门、相门、娄门、齐门、平门、金门、新胥门十座城门。

苏州山明水秀,自然、人文景观得天独厚。寒山寺因张继作《枫桥夜泊》诗闻名。宋时,苏城内外的虎丘、云岩寺塔、双塔、北寺塔、瑞光塔等塔寺宫观林立。明代中叶后,形成了吴人好游的社会风尚。清代中晚期,诸如早春邓尉探梅、深秋天平观枫、六月二十四荷花荡观荷、八月十八石湖串月等已是轰动苏城的民间旅游活动。此外,太湖自然风景区、灵岩山、天平山、寒山以及常熟虞山、昆山马鞍山等名山古迹,也是人们远足踏青的好去处。

潘圣一在《吴中旧闻录》中曾记录了苏州城外许多名胜景观,其中有姑苏十景、苏台十二景、虎丘十景、石湖八景以及穹窿山十八景等。

苏州名胜画卷

桃花坞木刻年画与明清画家笔下的苏州风光

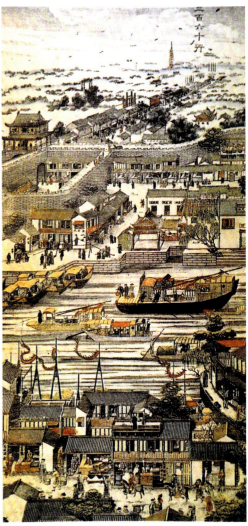

阊门　桃花坞木刻年画,分别是《姑苏阊门图》和《三百六十行》,描绘了红尘繁华的阊门地区,作于清雍正年间。

第四章　城池胜迹

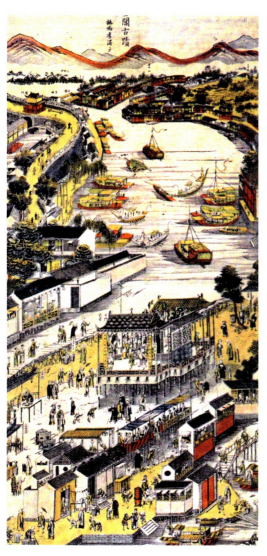 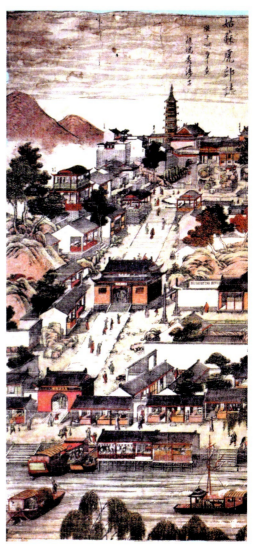

金阊古迹　桃花坞木刻年画《金阊古迹图》。从齐门城外戏台向西的方向描绘阊门,图中可见城河宽阔,城墙蜿蜒,远处的阊门城墙和郊外的田野群山遥相呼应。载《康乾盛世"苏州版"》。

虎丘山　桃花坞木刻年画《姑苏虎丘志图》。此画与《山塘普济桥中秋明月图》是对画,共同描绘了虎丘和山塘地区中秋明月夜的情景。载《康乾盛世"苏州版"》。

189

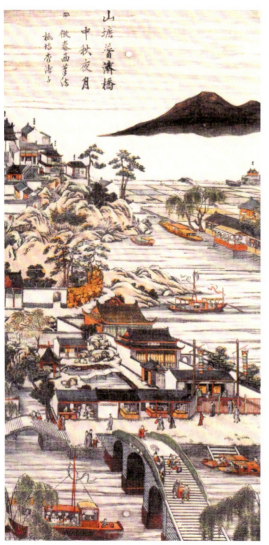 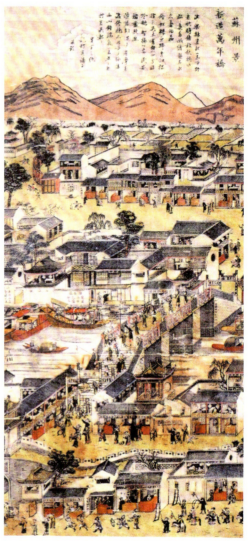

普济桥 桃花坞木刻年画《山塘普济桥中秋明月图》,街上有"走月亮"的市民,河中是赏月的游船。载《康乾盛世"苏州版"》。

万年桥 桃花坞木刻年画《苏州景新造万年桥图》。万年桥在胥门外,跨外城河,始建于清乾隆五年(1740)。图为从胥门内东北向西南俯瞰,描绘了胥门护城河两岸的市井风貌和城外远处的街市以及田野山峦。载《康乾盛世"苏州版"》。

第四章 城池胜迹

灵岩山图 灵岩山多怪岩奇石，幽深挺秀，又以富于古迹传说而著称。清人绘，故宫博物院藏。

虎丘山图 虎丘有"吴中第一名胜"之称，山上建有清帝行宫。清人绘，故宫博物院藏。

明代张宏《苏台十二景图册》 故宫博物院藏。

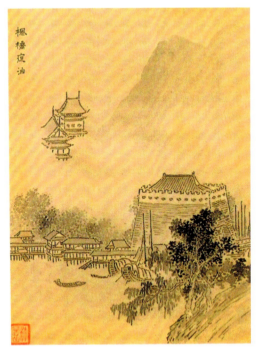

枫桥夜泊 枫桥位于寒山寺旁,跨古运河。唐张继作《枫桥夜泊》诗,使枫桥之名远播,枫桥与寒山寺遂成为苏州著名景观。(左上)

胥江晚渡 苏州城素有"金阊门""银胥门"之称,但在清乾隆五年(1740)万年桥未建之前,胥门往来都需摆渡。图为明代时胥门两岸晚渡情形。(右上)

虎山秋色 虎山在光福镇西北,面临下崦湖,似猛虎卧伏湖旁。虎山对面是龟山(塔山),两山隔水相望,中有虎山桥跨溪相连,旧有"一塔两山五桥洞"之称。(左下)

石湖烟雨　石湖,相传春秋时已为巨浸,吴越之争,越人掘溪进兵,发现湖底皆石,故名石湖。石湖西面有上方山等,形成十分秀丽的湖光山色,素有"吴中胜境"之称。(左上)

天池石壁　因山腰有池,横浸山腹,故名天池山。此山一山两名,又名华(花)山(古"花"字与"华"字相同)。因山蓊郁幽邃,岩壑深秀,山顶又有两大巨石,远望如莲花,故名。(右上)

尧峰积雪　尧峰山,在木渎西,相传唐尧时,太湖洪水泛滥,吴人避居于此,故得此名。旧有八景:露禅庵、宝云井、大龙洞、响泉、松塘、竹径、千人坐、小龙洞。(左下)

虎丘夜月 虎丘山巅有千年古塔,吴王阖闾墓深藏山内。其余古迹胜景甚多,古代名流栖居山中或游览题咏者不可胜计,为苏州著名胜景。(左上)

蟠螭春晓 蟠螭山,在光福弹山之南,俗称南山,因其状如无角的蟠龙而得名。山势蜿蜒伸入太湖之中,犹如水中岛屿,若遇云岚,飘渺如海,山顶有石壁精舍,称永慧禅寺。(右上)

灵岩冬霭 灵岩山,因山多奇石,状如灵芝,故名。灵岩山以众多的吴宫遗迹,历史悠久的佛教胜地而闻名中外。(左下)

第四章　城池胜迹

支硎晚翠　支硎山，因晋时高僧支遁（号道林）隐居于此，故名。又因曾建报恩寺，亦名报恩山；曾建观音禅院，俗称观音山，有南峰（也称上峰）、中峰以及北峰。（左上）

荷荡纳凉　黄天荡在葑门外，因长满荷花，故又称荷花荡。明清时期，每逢农历六月二十四日荷花生日，市民倾城而出，大小船只蚁集，热闹非凡，到荷花荡观荷纳凉。（右上）

万笏朝天　即天平山，其山体为花岗岩组成，经亿万年风雨冻曝，风化部分剥落，残存坚硬部分森然耸立，仿佛万笏朝天。因与宋代名臣范仲淹的史迹紧密相联而名扬四海。（左下）

195

苏州城池影像

清末民国时期着色明信片和油画以及着色照片

玄妙观 西晋咸宁二年(276)创建,三清殿重建于南宋,鼎盛时期玄妙观东西两侧共有30多座殿阁。观中摊贩林立,民俗事象纷呈,是苏州商业市井和风土人情的汇集区域。

正山门 位于三清殿南,清乾隆四十年(1775)重建。殿两侧即为东、西脚门,是小商品市场和民间小吃会聚之所,为苏州人游观前街必到之地。

第四章 城池胜迹

城墙运河 图为平门城墙与外城河。

女墙马面 图为民国时期的苏州城墙,女墙(城墙上筑起的墙垛)高耸,马面(为防守敌人侧面来袭而建的矩形墩台)凸显,分外壮观。

平门与梅村桥 平门位于城北,久已废塞。1928年为便利城内外交通,重辟平门。同年,颜料商贝润荪捐资建桥,为纪念其父贝梅村将桥命名为梅村桥。

北寺塔与北园 北寺创建于三国赤乌年间,塔始建于南朝梁代,于南宋绍兴二十三年(1153)重建。图为民国时期处于北园田野之中的北寺塔。

盘门三景与运河　盘门城楼、瑞光塔、吴门桥和运河,为苏州著名景观。由于经历太平天国战火,城外沿河一带,仍是废墟荒草。

瑞光塔与南园　瑞光塔建于北宋景德元年(1004),清咸丰年间盘门曾遭兵火摧残。图为冷水盘门内的南园田野与瑞光塔,一片荒芜冷寂。

葑门与东吴大学 葑门位于城东，初名封门，以封禺山得名，又因周围多水塘，盛产茭白，遂改为葑门。图为民国年间东吴大学学生所作油画，画面上有中西式样的两幢钟楼（东吴大学钟楼与文星阁钟楼）遥相呼应。

盘门先农坛 清雍正年间，苏州在盘门附近建先农坛。累石为之，高二丈，宽二丈五尺，中正北一室，供先农神主，外缭以垣，门向南。每年仲春亥日，地方官员在此致祭先农神，以使重农教稼的观念深入人心。

第四章　城池胜迹

清末虎丘山　太平天国时期虎丘山寺遭毁，只剩下古塔和二山门，清末民初虎丘开始恢复重建。图为虎丘前山景色，除了拥翠山庄和东山庙等寥寥建筑之外，满眼都是荒草萋萋，颓败苍凉。

民国虎丘山前　1926年苏州救火会为公葬殉职义士，在虎丘头山门西辟建会员公墓。同年，苏州商团又在头山门甬道之东建商团纪念碑林，后更名云集山庄。

山塘河通贵桥　通贵桥建于明弘治初,图为山塘河经典镜头。史载"吴人常游虎丘,每于山塘泊舟耍乐,多不登山",为历代文人所咏叹。

半塘两岸　"七里山塘,行至半塘三里半"。半塘旧为画舫灯船集中地,有寿圣禅寺、龙寿山房、董小宛宅等古迹。

第四章　城池胜迹

虎丘山塘河　山塘河自虎丘望山桥至阊门吊桥,长约7里,由唐代白居易任苏州刺史时发起开凿,旧称白堤。图为山塘河虎丘段景色,河面最为开阔。

虎丘西山庙桥　西山庙桥位于虎丘山塘街席场弄西侧,跨山塘河,清康熙九年(1670)重建,因桥堍西山庙而名。

203

灵岩山寺 建于西施"馆娃宫"遗址。东晋末年司空陆玩舍宅为寺,梁天监二年(503)扩建,名秀峰寺。唐时改称"灵岩寺",清咸丰十年(1860)寺院毁于战火,民国年间寺院重建,易名"灵岩山寺"。

寒山寺 始建于梁天监年间,旧名妙利普明塔院,清咸丰十年(1860)毁于兵火。光绪三十二年(1906),江苏巡抚陈夔龙发起重建,略具规模。宣统三年(1911)巡抚程德全、布政使陆钟琦募修扩建,次年全寺落成。

第四章　城池胜迹

枫桥　曾名封桥,跨大运河,为水陆交通要道。自唐张继作《枫桥夜泊》诗后,枫桥之名遂远播四方。

木渎敌楼　在木渎镇东,位于胥江和驿道水陆要冲,建于明嘉靖三十六年(1557),远处即崇政古桥。木渎敌楼当年在防御倭寇入侵中发挥了巨大作用,是苏州西部一道不可逾越的屏障。

横塘普福桥　位于盘门外横塘镇,跨胥江,明万历年间修造,清康熙四十七年(1708)重建。桥三孔,桥面中央有一座石柱亭子,故俗称亭子桥,1969年被拆除。

横塘运河　民国时期此河道为胥江,经过左侧五福桥(1965年拆除)向西流向太湖;远处为北越来溪,朝南经上方山流向太湖。1975年该河道经过疏浚拓宽,成为京杭运河主航道,从北越来溪向东经吴中区流向澹台湖与宝带桥,远处山影即上方山与七子山。

苏州各县影像

黑白摄影照片

常熟虞山城墙 常熟县城旧为海虞城,始建于西晋,元末张士诚据苏时改建为砖墙,西城城垣跨山而筑,因有"十里青山半入城"名句。图为虞山十八景之西城楼阁,摄于1918年。

常熟古城 常熟旧城墙在20世纪50年代陆续拆除。图为从虞山俯瞰常熟古城,摄于20世纪30年代。

昆山城墙与马鞍山　昆山古无砖城,至明嘉靖年间因倭寇屡发,邑人顾鼎臣奏请朝廷,始建城墙,周长计十二里,有陆门六,水门五。图为民国时朝的昆山城墙与马鞍山。

华藏寺与凌霄宝塔　位于昆山马鞍山东北麓,北宋宣和年间始建,代有兴废。1937年侵华日军轰炸昆山,寺宇全毁。山上原有凌霄宝塔,1958年因建造空军雷达站而拆除。图片摄于20世纪20年代。

妙峰塔　在马鞍山顶东峰,始建于北宋治平二年(1065),端平二年(1235)重建,1966年被捣毁,1991年按宋塔原样重建于故址。图片摄于20世纪50年代。

第四章 城池胜迹

垂虹桥 在松陵镇东门外，俗称长桥，宋庆历八年(1048)始建，木结构。元泰定二年(1325)易石重建，为62孔联拱桥，长约450米，桥中建有垂虹亭。1967年5月2日塌毁，现存东西两端10数孔。图片摄于20世纪30年代。

吴江南门 五代后梁始建吴江县城，吴王张士诚重筑城墙与城门，1958年拆除。图为拆除之前的吴江南城门。

吴江小东门城墙 摄于1936年。

吴江盛家库 位于吴江东门外，垂虹桥南，为松陵镇仅存的历史街区。摄于20世纪80年代。

四代一品坊 位于太仓东门老街,清康熙年间为大学士王掞所立,朝东面刻有"祖孙宰相",朝西面刻有"两世鼎甲",20世纪60年代被拆除。

太仓水关桥 摄于20世纪50年代。

致和塘 西起娄江,进太仓西门,出东门,穿城而过,流向长江。原为昆山塘,宋代至和二年(1055)修治,元代致和年间重新疏浚,称致和塘。20世纪80年代之后随着老城区拆建,旧日风貌不复存在。图片摄于1979年元旦。

伯埠桥 位于太仓西郊镇,太仓商人王伯埠捐资1.2万元建于1934年。桥东为太仓地界,桥西为昆山地界。摄于民国时期。

太仓穿山 在归庄乡帆山村,为太仓境内唯一小山,旧时在海中,距海岸20里,山丘名迹接踵,为旅游胜地。旧志载山高17丈,周350步,山有一大洞,通南北往来,故名穿山。1952年因基建用石需要,将该山夷为平地,现仅存山基。摄于民国时期。

《康熙南巡图·苏州篇》(局部)

第五章　乡镇名景

在长达一千多年的岁月长河里，苏州堪称中国经济、文化最发达的地区之一。其中一个重要原因，是苏州除了古城之外，还遍布农村古镇和乡间集市。据史料记载，到清代末年，苏州府（一府七县）和太仓州有镇123个，另有与镇规模相当的集市59个，其中69个镇与集市其始建年代更是早在明代或明代以前。至20世纪80年代，苏州市（县）有乡镇160余个。因而，有理由说，苏州市（县）所辖乡镇中的绝大多数都属于古镇。

这些古老的市镇，是千百年来农村政治、经济、文化和社会民生等各种人文历史元素的集中体现，是辉煌的中国农业文明的见证和结晶。古老的市镇承载着大量的地理自然信息，有着深厚的文化底蕴，由此出现的诸多历史遗迹，也就成为这些乡镇的风景名胜。历代文人逸士还喜欢将这些胜迹予以命名，使之成为景观而载入史册。此章所展示的，便是其中的一些画面。尽管其中不少景物已经消失，但在历史典籍和老照片中，它们仍然熠熠生辉。

其中有唯亭八景之石桥夜月、古寺乔柯、元泾听潮、渔沼荷风、金沙落照、曲水环山、阳城渔艇、青丘野眺；黎里八景之玛瑙春游、禊湖秋月、罗汉晓钟、鸭栏帆影、鹤渚渔歌、揽桥残雪、江村夕照、中立晚眺；震泽八景之飞阁风帆、虹桥晚眺、张墩怀古、复古桃源、慈云夕照、范蠡钓台、康庄别墅、普济钟声；平望八景之烂溪征帆、莺湖夜月、溪桥酒店、殊胜晓钟、荻塘跃马、玄真仙迹、驿楼览胜、桑槃渔舍以及盛泽之圆明晓钟、锦塘步月、盛湖市声等。

唯亭八景 唯亭,吴王阖闾十年(前505),东夷侵袭吴境,阖闾率兵抵御,遂扎营建亭,该地由此得名"夷亭",吴地方言俗称为"唯亭"。镇上古迹有问潮馆、状元泾桥、仁寿桥、吴王馀眛墓(夷陵山)等。图载清沈藻采《元和唯亭志》。

石桥夜月
诗云:
驷马题名耸石梁,
一轮涌现接扶桑。
春和烟霭临寰宇,
秋逼清光俯大荒。
独立恍游身世外,
擎尊若寄水云乡。
武丘何事多笙管,
长笑迎风弄晚香。

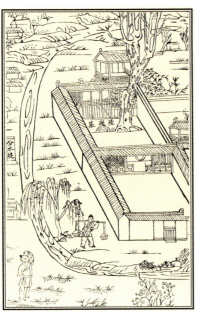

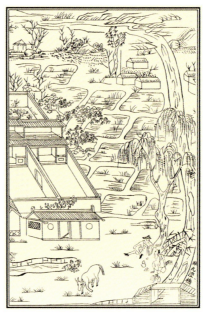

古寺乔柯
诗云:
环溪挂月似金钩,
刹院萧疏景独幽。
乔木十围垂铁干,
游鱼一曲纵清流。
佛经书法珍华藏,
宦迹留题著古丘。
半舫楼头参玉版,
任他尘世禅春秋。

元泾听潮　诗云:状元桥畔有湖亭,八月潮来夜半听。浪涌溪头来瀚海,名传宇内耀文星。龙腾自是符天纪,鳌占应须识地灵。百谷朝宗旋转至,滔滔雄荐绕王庭。[注:问潮馆在状元泾桥左,相传宋代有道人至此,谶云"潮到唯亭出状元",淳熙十一年(1184)果然昆山有卫泾首中状元。]

渔沼荷风　诗云:湖畔漾洄千亩池,沼堤杨柳绿垂丝。翩翩荇藻鳞翻锦,苒苒芙蕖香浥腮。林啭莺声鱼出沫,波摇树影月移枝。爱同茂叔称君子,时自高吟渔父词。

金沙落照 诗云：五湖东注卦金沙,北亘长堤界险崖。千顷波光摇落日,一天云影缀流霞。浮沉鸥鹭依晴浦,欸乃渔蓑泛月槎。波静风清频击节,何当把酒夕阳斜。

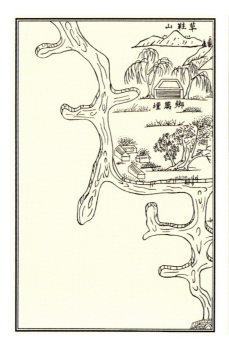
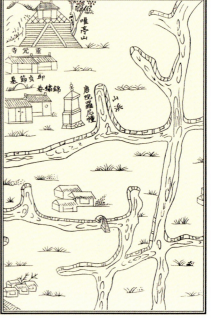

曲水环山 诗云：阳城湖岸小山浮,里许周遭水错流。四望支河趋叠垒,千家烟火结高丘。鳞鳞栉比繁星布,曲曲回旋新月钩。震泽峰名七十二,对山溪目恰相俦。

阳城渔艇 诗云：极目湖光四望赊，人游雁鹜侣鱼虾。晴云晒网垂杨岸，烟雨披蓑碧浪沙。点点轻帆来复往，田田渔火近还遐。泛舟试问桑麻熟，一派风光胜若耶。

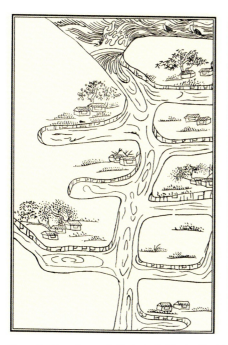
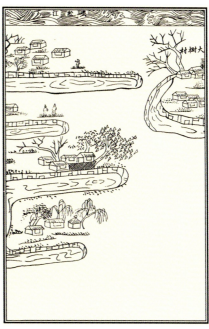

青丘野眺 诗云：绝代文人隐是丘，昔时烟景尽东流。远瞻金粟埋荒径，近抱天随没钓舟。春草芊芊浮绿水，荻花邈邈点轻鸥。缶鸣谁可追遗响，木落吴淞万里秋。（注：明代高启曾隐居青丘。）

玛瑙春游 黎里八景之一。玛瑙,庵名,为水中古刹,位于镇西,从前是黎里、平望之间陆路的必经之地。咸丰十年(1860),玛瑙庵毁于兵燹,遗址现为养鸭滩。摄于20世纪30年代。

禊湖秋月 黎里八景之一。禊湖,又名金镜湖,在镇之北,罗汉寺之西。湖之南面水中央筑有城隍庙,有秋禊桥可通。摄于20世纪30年代。

罗汉晓钟 黎里八景之一。罗汉古刹,在镇之北,禊湖之侧,始建于东晋,初名普同院,宋时改称罗汉讲寺。自宋以来,历遭兵燹,清康熙初,除大殿、山门外均重建。摄于1922年。

鸭栏帆影 黎里八景之一。鸭栏泾位于镇之东南,湖光水色,远船近帆,景色秀丽。相传唐代陆龟蒙曾筑别墅于此,养鸭自娱,陆家荡、鸭栏泾由此得名。今别墅遗址无存。摄于1922年。

鹤渚渔歌 黎里八景之一。鹤渚在镇东桥后底之北。因渔民中不少会唱渔歌者,往往你唱我和,此起彼落,故有"鹤渚渔歌"之称。摄于1922年。

揽桥残雪 黎里八景之一。揽桥又名胜揽桥,梁式单孔石桥,在镇东郊,始建于明弘治二年(1489)。"揽桥残雪"为黎里八景中的冬景,旷野幽景,横桥泽水,瑞雪飞飞,情趣浓浓。摄于1922年。

江村夕照　黎里八景之一。江村,在陆家荡、塔荡之北岸。村上有一祠庙,清康熙年间重建,名施相公庙。此处北靠碧波澄清的塔荡,荡面宽广,傍晚停足荡边,观夕照江村,金光粼粼,帆影点点。摄于20世纪30年代。

中立晚眺　黎里八景之一。中立,阁名,共三层,俗称八角亭,建于清乾隆九年(1744),同治八年(1869)重建,位于镇东水中央。登阁顾盼,八面临风,市廛田野,尽收眼底。摄于20世纪30年代初。

第五章 乡镇名景

圆明晓钟 盛泽八景之一。圆明古刹在盛川西北,钟楼雄峙其左。毁于侵华日军。摄于1940年。

锦塘步月 盛泽八景之一。拾锦塘,亦称十景塘,在目澜洲西,碧水涟漪,满月高悬。摄于20世纪40年代。

盛湖市声 盛泽八景之一。白漾在盛泽镇东,重湖烟雨,贾泊渔舟,西则紧连街区,市廛繁盛。摄于20世纪40年代。

飞阁风帆 震泽八景之一。镇东入境处，河道交叉，原中流有浮墩一座。初建于清乾隆三十六年（1771），名"分水墩"。頔塘河水在此藉墩分水。墩上建有"文昌阁"，高三层，登楼俯瞰往来帆船，阁帆相映，景色绝佳。摄于1945年。

虹桥晚眺 震泽八景之一。虹桥，原离慈云寺塔不远，每逢中秋月夜，慈云塔影恰巧映于桥下。清代太史倪师孟有《虹桥晚眺》诗："寺拥残霞明雁塔，波浮新月落虹桥"，虹桥由此而得名。摄于1935年。

张墩怀古 震泽八景之一。镇北距镇2公里，有牛娘湖，俗呼长漾。湖中一土丘广约2亩，名张家墩。相传唐代高士张志和钓鱼在此，故名。上有"浮玉"庵，民间传说它"大旱不见水低，大涝不见水高，与波上下自浮水面"，因名"浮玉"。摄于20世纪30年代。

复古桃源 震泽八景之一。镇中花山头,原有一土丘,实为古墓,旁有桃源洞,为宋礼部侍郎杨绍云所建。明通判沈有光于故址复筑,叠石为山,凿坎为池,题为"复古桃源",颇令人发思古之幽情。摄于20世纪30年代。

慈云夕照 震泽八景之一。慈云寺塔在镇东栅,始建于宋咸淳年间,宝塔六面五级,翼角轻举,玲珑挺秀,每于春秋佳日,夕阳映照之际,登塔顶北望洞庭,南瞰麻溪,令人心旷神怡。摄于1935年。

范蠡钓台 震泽八景之一。钓台在蠡泽应天寺前。相传范蠡灭吴功成,泛舟五湖垂钓于此。原有钓台一座,叠石为矶,别无建筑,今钓台已毁。摄于20世纪30年代。

康庄别墅 震泽八景之一。明万历六年（1578），震泽人扬州太守吴秀，罢官后回乡时修建此处。清末，屡遭破坏，1930年沈秩安、杨剑秋等募款修葺，谓之"康庄别墅"。摄于20世纪30年代。

普济钟声 震泽八景之一。镇西原有普济寺，宋元丰元年（1078）建，寺中有唐时古柏，时有诗人吟咏。清光绪初重建，寺内钟声时时传出，美称"普济钟声"。日军侵华时被毁。摄于20世纪30年代初。

平波夜月 平望名景。平波台，在莺脰湖中，建有元真子祠，轩榭数处，四围芳草如茵，翠柳拂水，别有萧疏之趣。摄于20世纪30年代。

第五章 乡镇名景

东山陆巷古村 位于东山半岛西部。明正德年间,王鏊官至户部尚书、文渊阁大学士,王氏家族人才辈出,古村遂名闻遐迩。摄于20世纪70年代。

光福古镇 相传为吴王养虎处,萧梁时建光福寺于龟峰,遂以寺名镇。南宋时,光福已是"民灶千余,阡陌交通"的集市,明代成为吴县六大名镇之一。南依邓尉山,北靠虎山,塔山居于镇内。虎溪河绕镇而过,民居大都依山傍水而建,兼有江南水乡与山区古镇的特色。摄于1960年。

225

《康熙南巡图·苏州篇》(局部)

第六章　水陆交通

苏州地处太湖之滨,境内运河四通八达,河港纵横交叉,湖荡星罗棋布,木帆船运输向为最主要的交通运输工具。苏城内外,码头林立,素有"六门三关六码头"之称。元末明初,太仓刘家港为江南漕粮海运京师的转输基地,海外各国商人在此进行交易,时称"六国码头",也是全国八大古港之一。

苏州的陆上交通,自秦置驿道起,通省道路渐被沟通,但直至清末传驿裁撤,通关大道仍只宜轿舆、马车、人力车等传统交通工具行驶。民国初期,近代工商业兴起,人员、商品流通量增加,苏州开始修筑公路和兴办汽车运输业。日军侵华期间,公路破坏严重。

中华人民共和国成立后,苏州加强公路建设,线路增多,路基拓宽,桥梁、路面的等级以及公路的线型都大有改善和提高。特别是县乡公路发展迅猛,农村公共汽车开办营运,至1985年已实现乡乡通公路,全市形成了一个干支相连、县乡相连、四通八达的公路运输网。

清光绪三十二年(1906),沪宁铁路苏州段通车。1936年7月苏嘉铁路通车运行,1944年3月日本侵略军为急需钢铁,开始强拆苏嘉铁路。

中华人民共和国成立后,沪宁线隶属上海铁路局管辖。1976年沪宁段复线建成,来往车次增多,站屋陈旧,常处于超负荷状态。经铁道部批准,在原址新建苏州火车站,1979年4月25日破土动工,1982年6月1日新站交付使用。

改革开放以来,各县(市)农村实现了村村通公路,城乡交通十分发达。张家港港口的建成和太仓港的提升,也为苏州外向型经济发展创造了更好的条件。20世纪90年代以后,高速公路、城市地铁和城际铁路、高速铁路的建设突飞猛进,构成了苏州与各地快速便捷的交通网络。

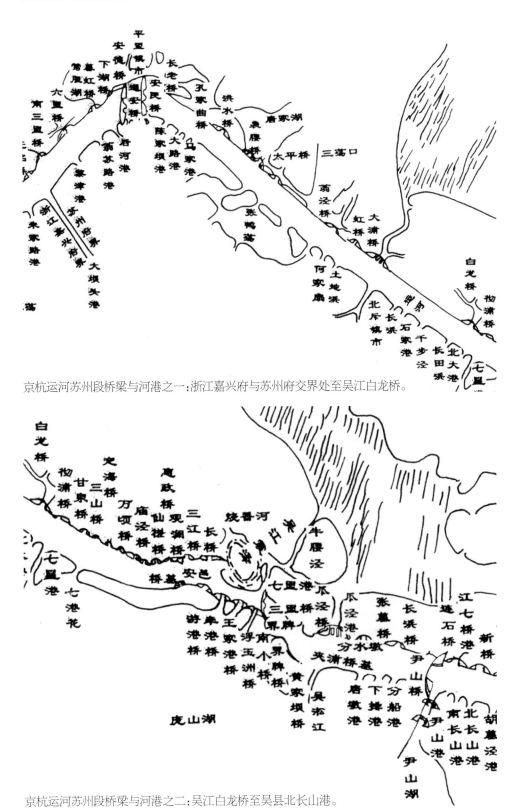

京杭运河苏州段桥梁与河港之一：浙江嘉兴府与苏州府交界处至吴江白龙桥。

京杭运河苏州段桥梁与河港之二：吴江白龙桥至吴县北长山港。

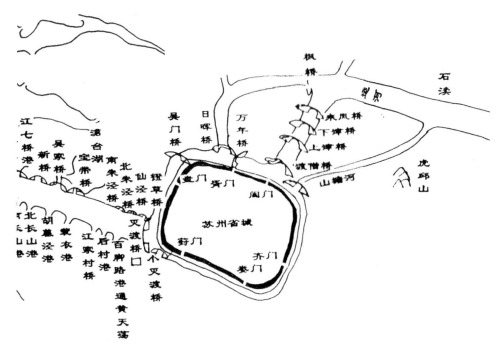

京杭运河苏州段桥梁与河港之三：吴县北长山港至苏州虎丘山。

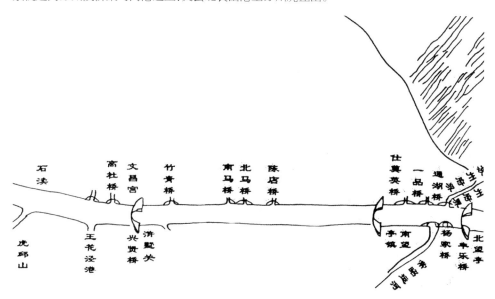

京杭运河苏州段桥梁与河港之四：苏州虎丘山至苏州府与常州府交界处的望亭。

京杭运河苏州段桥梁与河港　江南运河曾称运粮河，是京杭大运河的江南段。苏州段运河经无锡县从西北流入吴县望亭，由黄花泾进入市区长青乡，其主流经枫桥、横塘、泰让桥、觅渡桥出市区，过宝带桥，南下入吴江县，在盛泽镇东南苏浙两省交界处的王江泾入浙境，全长约82千米。图摘自清光绪二年江南运河图，载《中华文化通志》。

轿子 初时,轿子只是过山用的交通工具,东晋后,成为城市居民的代步工具。民国初,私人经营的藤轿在苏州流行,六门藤轿司也因之成立。图为虎丘山前的轿子,摄于清末。

骑驴 清代,苏州城市交通以坐轿、骑驴代步。图为骑驴游虎丘的情形,摄于民国初年。

黄包车 即人力车,始于清光绪二十六年(1900),从上海传入苏州地区。先在城外载客,后进入城内营业。摄于20世纪30年代常熟街头。

马车 马车是苏州城通往西郊和虎丘风景区的主要客运交通工具,始于清光绪年间,经营区域限在城外。图为20世纪30年代阊门石路街头的马车。

小汽车 上图摄于20世纪30年代。下图摄于20世纪40年代

旅行车　1951年摄于常熟乡间。

港口装卸　苏州护城河港务作业区的三轮机动运输车正在装卸货物。摄于20世纪80年代初。

三轮运输车　苏州钟表材料厂装车待发货的成品陶土。摄于20世纪70年代。

车水马龙 苏州城市北部原本没有东西向的城市公路,外来车辆通行需要经过城区,令古城交通拥挤不堪。图为平门梅村桥上车来车往,摄于1980年。

城北公路建成 1982年苏州城北公路建成通车,自此,外来过往车辆不需再进入市区,大大改善了市内交通。

木帆船 苏州内河木帆船水运历史,可追溯至春秋时期的"吴船"。唐宋以来,木帆船成为载货和搭客的重要交通运输工具,直至清末民初,尽管小轮船、铁路和公路运输业相继有所发展,但木帆船运输仍占有主导地位。图为盘门城下的木帆船。

航船 清末民国年间,有载客及寄书带货往来近处各城市者,曰航船。图为苏州农村载客航船,摄于1949年。

轮船 中日签订《马关条约》后,日本轮船得以驶入各相关城市,附搭行客,装运货物。图为江南运河里的客运轮船,摄于1932年。

客运拖轮 客轮正在启航,岸边是欢送知青下乡务农的人群。1964年摄于人民桥码头。

货运拖轮 中华人民共和国成立后,木帆船运输业从分散状态走上集中统一管理的合作化道路,1958年成立专业运输公司。上图为货运船队经过吴门桥,摄于20世纪70年代。下图为货运船队经过枫桥段运河,摄于1989年。

沙洲内河港运输 沙洲内河港始建于1950年，至1985年共有内河港口码头24个。

虞山船闸 位于常熟城区西门外5公里处，1959年7月建成使用。1965年申张航线开辟后来往船舶均需通过该闸，成为苏南内河航运的重要通道。摄于20世纪80年代。

沙洲西界港汽车轮渡 位于三兴乡万亨村，是通沙汽车轮渡线的南码头，距南通东港约7千米。通沙汽车轮渡线是沟通江苏东部沿海204国道的水上桥梁，1985年10月1日试航成功。

民国苏州公路 图为锡(澄)沪公路与苏常公路交汇处,东往上海,西至无锡,南达苏州,北抵常熟,摄于20世纪30年代。

沪太公路 1920年至1922年,太仓旅沪人士创办沪太长途汽车公司,并修筑上海至浏河的沪太公路,全程37.25千米,此为苏南民办公路运输与筑路的开端。图为20世纪30年代沪太公路浏河段情景。

公路车队 上海锡沪长途汽车股份有限公司行驶在沪太公路上的"奔驰"车队。摄于20世纪30年代。

苏嘉公路桥 苏嘉公路,自苏州经吴江至嘉兴,1929年开工,至1933年底通车。摄于20世纪30年代。

震泽汽车站 震泽境内第一条公路平南公路,自平望向西经梅堰、震泽至浙江南浔。图为震泽汽车站,摄于20世纪30年代。

平望汽车站 苏嘉公路平望境段于1933年12月建成通车,自此,平望始有汽车通往苏州、嘉兴两地和沿线各镇。图为平望汽车站,摄于20世纪30年代。

苏福公路 苏福公路全长31.36千米,分苏(州)木(渎)段和木(渎)光(福)段两段。图为苏福路灵岩山与天平山公路交汇处,摄于20世纪50年代。

长途客运汽车 连带拖车的长途汽车。20世纪70年代摄于北寺塔前。

三轮出租车 三轮小车,苏州最早的出租车。摄于20世纪70年代。

蠡口镇通公交 1986年10月,苏州市12路公共汽车延伸至蠡口。图为蠡口镇公交通车仪式。

东桥镇通公交 1985年吴县成立汽车客运公司,1986年开通苏东(桥)线和北桥线。图为东桥镇公交通车仪式。

开弦弓村通公交　震庙公路,震泽至庙港线1983年通车。图为开弦弓村公交通车典礼。

宝带公路桥　图为位于江南运河和宝带桥侧畔的苏嘉公路宝带公路桥,摄于20世纪80年代。为了保护古迹,公路桥已于2000年拆除。

苏虞路平门立交桥竣工　平门外火车站东侧,苏州第一座铁路公路立交桥苏虞路平门立交桥通车。

太湖大桥　北起苏州太湖度假区渔洋山麓,路线全长7.18千米,由三座跨太湖大桥和叶山岛、长沙岛、西山岛相连。图为建设中的太湖大桥。

沪宁高速公路建设　图为沪宁高速公路"江苏段"开工典礼,摄于1994年。

2000年苏州市高速公路建设示意图

修筑沪宁铁路 清光绪年间美国政府以俄、德、法在中国均获有铁路权,以最惠国待遇及"利益均沾"为由,向清政府索办沪宁铁路。光绪三十四年(1908)沪宁铁路全线通车,均为单线行车。图为沪宁铁路通车至无锡时在苏州站举行的通车典礼,摄于1906年。

清末苏州火车站 车站面积205平方米,有站台2座,雨棚174平方米,车站右侧依稀可见苏城北部城墙。

民国时期列车 沪宁铁路在苏州境内共74千米。1929年沪宁铁路改称京沪铁路,1936年苏州站改称吴县站。图为当时京沪线上列车。

20世纪50年代火车站 为迎接中华人民共和国成立10周年,苏州火车站重建站前广场。图为施工现场,摄于1958年。

20世纪60年代火车站 站前广场重建之后的苏州火车站。摄于1964年。

苏州火车站 1979年4月25日,拆除建于清末民国时期的原站屋,重建车站新楼并扩建站前广场,1982年6月1日建成交付使用。主体建筑三层,外形为宫殿式,飞檐翘角,建筑前设联结长廊,并配置绿色镂空围墙,具有苏州园林特色,2012年拆迁重建。

相门火车站

1936年7月15日，苏嘉铁路建成通车；1945年1月，苏嘉铁路被日军强行拆除。图为相门火车站，摄于1936年。

吴江火车站

摄于1936年。

盛泽火车站

盛泽市政学会前往苏州参加防空展览会前，在盛泽火车站合影。摄于1936年10月29日。

第六章 水陆交通

轨道交通地下建设 2009年苏州轨道交通1号线会展中心站,金鸡湖中间风井盾构区间精密贯通。

地铁地面建设 苏州轨道交通4号线北寺塔站地面建设情形。

苏州轨道交通 苏州轨道交通1号线于2012年4月28日开通试运营,苏州成为国内第一个独立开通地铁的地级市。图为天平山脚下的1号线车辆段。

247

京沪高铁建设

京沪高铁苏州阳澄湖段施工现场。摄于2009年。

张家港开发

清道光、咸丰年间,张氏后裔在今张家埭东端将镇山与香山间的水漕疏浚成河,名张家港。1968年2月,中央军委、国家计委、交通部联合批准拓建张家港。

张家港对外开放

1982年11月12日,全国人大常委会批准张家港为对外开放港口。1983年5月7日,第一艘外籍万吨货轮巴拿马籍"日本商人"号驶抵张家港。

张家港港口 1985年,交通部和江苏省人民政府联合批复的《张家港港口总体规划》确定,张家港港将逐步与苏、锡、常3市形成港口城市群体,发展为港口与城市相结合、内外贸易相结合的综合性港口。图为张家港万吨级长江码头。

太仓港港口 图为海峡两岸直航太仓港首航仪式,摄于2008年12月15日。

光福机场民航线路开通 光福机场为空军部队使用,位于吴中区光福镇。1992年空军光福机场开展民用航空运输,1994年开通光福—北京航线,图为光福机场。

《康熙南巡图·苏州篇》(局部)

第七章　市政设施

历史上的苏州几经兴衰,虽迭遭破坏,但又都很快得到恢复和发展。鸦片战争后,苏州逐渐衰落。民国时期曾有城市改造设想,部分也得以实施,后因日军入侵中辍。苏州市政设施落后,道路大多为砖石路面,民用水源全靠河水和井水,民用主要燃料为柴草,古典名园大多遭到破坏,街道狭窄,河道淤塞,驳岸残破,路灯稀少,市容破旧。

1949年以后,城市建设有了较大发展,面貌发生明显变化。但由于长期以来重生产轻生活,忽视城市建设和生活设施的配套,忽视污染治理和园林风景、文物古迹的保护。1958年"大跃进"办工业时,又占用大量民房和部分园林寺院。"文化大革命"期间,名胜古迹更遭到严重破坏,市政公用设施积欠过多。

中共十一届三中全会后,国务院明确苏州为中国著名的历史文化名城。自此,城市规划意识不断增强,古城保护方针日益被人们所重视,市容市貌有了较大改观。

20世纪80年代中期,《苏州市城市总体规划》确定了"全面保护古城风貌,积极建设现代化新区"的方针,确保在保护好古城风貌和优秀历史文化遗产的同时,加强旧城基础设施改造,积极建设新区,发展小城镇,努力把苏州市逐步建设成环境优美、具有江南水乡特色的现代化城市。

从1985年起,结合工业布局,政府逐步将工厂迁出古城;加强居民住房建设和老新村改造,水厂和液化气、煤气建设;整治主次干道和街巷路面,新建或改建桥梁;提高污水处理和环境治理的能力,城市基础设施建设取得明显成效。与此同时,大力发展公共交通和邮电通信事业,注重街坊改造、园林名胜、文物古迹以及历史街区的修复,使历史文化名城焕发出了青春。

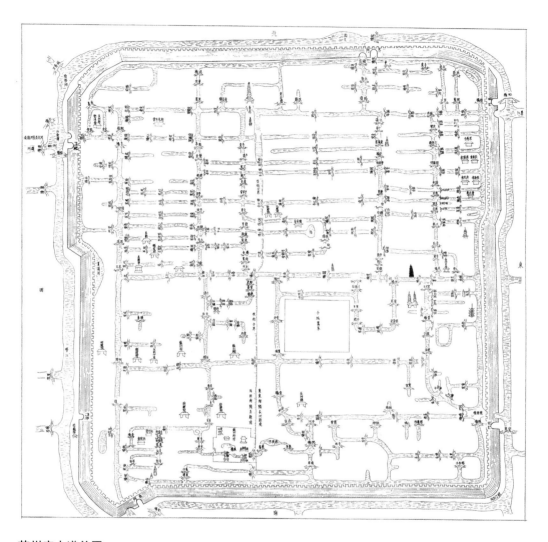

苏州府水道总图

图上原有文字云:苏城四绕外濠,深广增雄,天堑具区(太湖)宣泄之水也,至葑关忽隘,而以一桥为束,使南来运道统归胥江,形势负险,古人建设之意良可深思。城内河流三横四直之外,如经如纬者尚以百计,皆自西趋东,自南趋北,历唐宋久不湮。录自《明吴中水利全书》。

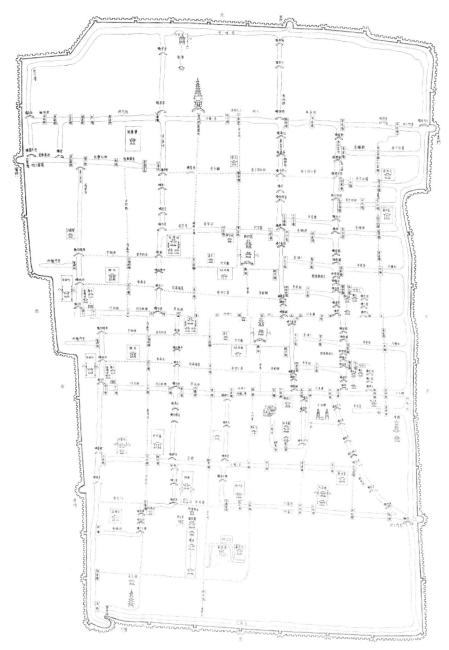

三横四直图

苏郡城河三横四直图碑藏于苏州城隍庙,清嘉庆二年(1797)立;绘刻苏州城"三横四直"七条贯穿全城的主河道,标出城垣及重要桥梁、寺观、衙署的位置,较为准确地反映出清代中叶苏州河道纵横、河网密布的风貌,是研究我国城市发展和苏州城市建设历史的重要实物史料。

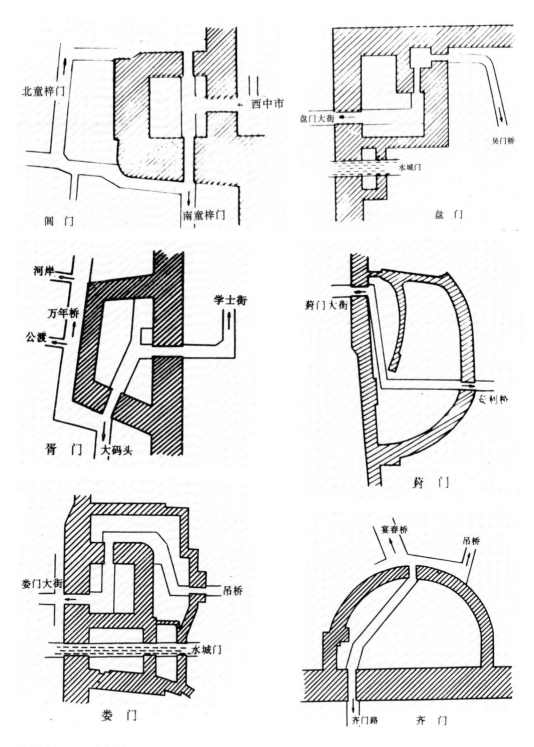

苏州城门平面示意图
苏州阊、胥、葑、平、齐、娄六城门平面示意图,摘自1995年《苏州市志》。

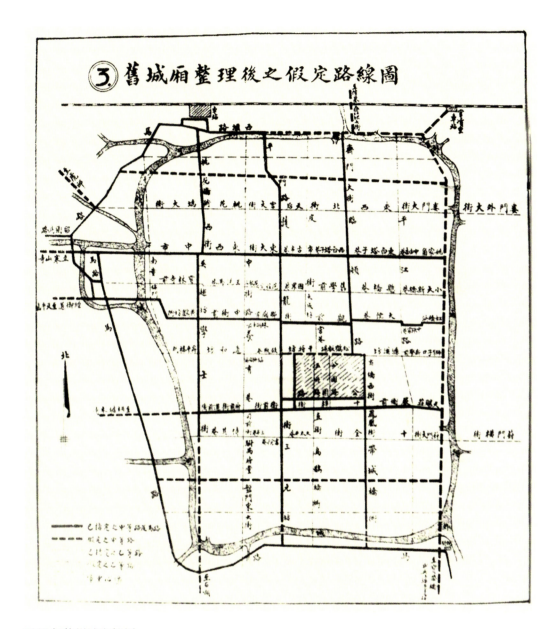

1927年苏州城市规划

1927年由苏州市政筹备处组织制定的苏州工务计划设想,是近代苏州城市第一个比较完整的城市规划。规划设想苏州分三大区域,三期实施。第一期工程整理旧市区街道、河道、建筑物,建设公园、菜市场、公厕等设施;第二期工程建设新市区,沿古城西北向城外陆墓、虎丘、寒山寺和沿运河至横塘作半圆形扩展,以阊门、新阊门(今金门)为中心,布置放射式街道;第三期工程,以古城区及新市区为核心,以波纹状向外建设扩展区。图为1927年已列入苏州城厢拓宽改造的甲、乙、丙、丁各等级道路规划示意图。

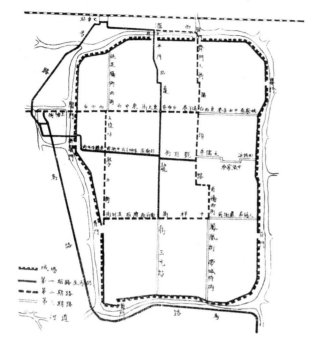

1927年苏州城厢干道分期施行图 苏州城区纳入拓宽改造的主干道分期实施图,其中第一批即今景德路、观前街、平门路;第二批即今东中市、西中市、白塔西路、道前街、十梓街、齐门大街、临顿路、甫桥西街;第三批即今白塔东路、大儒巷、中张家巷、十梓街东段和人民路南段以及凤凰街、带城桥路。

苏州城厢道路交通形状图 1927年纳入市区道路改造的甲、乙、丙、丁各等级马路形状示意图。

筑平门路 平门路开辟时的情形。摄于1927年。

苏州市政筹备处职员摄影 鸦片战争后,经济重心东移上海,苏州城市逐渐衰落。20世纪20年代末,受现代城市建设影响,政府曾有城市改造设想,部分也得以实施,后因日军入侵中辍。图为当时参与城市建设规划的苏州市政筹备处职工,摄于1928年。

苏州电气公司 1919年,苏州总商会集股30万元创建苏州电气公司。发电厂厂址选在胥门外枣市街,购置300千瓦汽轮机1台,1921年2月7日,正式发电营业。

同里电灯厂 1924年同里金福成等集资开办兴业电气股份有限公司。

盛泽电灯厂

1919年盛泽仲少梅、沈志万等集资开办复新电灯公司。

重建彩云桥

彩云桥位于横塘,明洪武时建,几经兴废,1925年重建,其建筑颇有特色,桥孔中有纤道,两端引桥均循道路转弯。此为当年筑桥时摄。

望亭小菜场

民国时期,吴县城乡农贸市场有三类:一为平日集市,俗称"小菜场";二为赶集,每月3次;三为庙会,一年一度,盛况为最。图为望亭镇沿运河所置的小菜场,摄于1930年。

苏州电报局 清光绪七年(1881),苏州电报分局开业。初设于阊门内王枢密巷(今五爱巷),后迁至天库前。民国建立后,改称交通部苏州电报局。1934年10月,搬迁至阊邱坊巷。图为阊邱坊巷苏州电报局俯瞰,摄于20世纪30年代。

石路电报收报处 摄于20世纪30年代。

观前电报收报处 摄于20世纪30年代。

苏州邮政局 清光绪二十三年（1897），苏州始设邮政局。局址始设葑门外觅渡桥。宣统二年（1910），迁阊门外鸭黛桥堍。1913年改称苏州一等邮局，隶属江苏邮务管理局。图为阊门邮局营业大厅，摄于20世纪30年代。

观前邮局 摄于20世纪30年代。

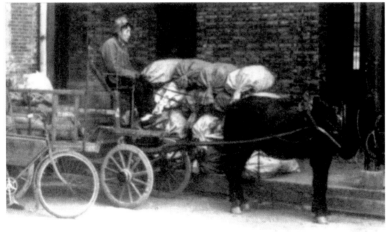

邮运马车 自苏州开办邮政，到1949年的52年间，一直依靠人力、畜力（马车）接送邮件，市内转趟均用人力车、三轮车、自行车或雇用马车装运。图为20世纪20年代苏州邮局的邮运马车。

苏州电话局 清光绪三十一年（1905），农工商部创设苏州电话局，局址设于胥门内金狮巷，称西局。光绪三十四年（1908），设分局于阊门内天库前，称北局。1914年为交通部苏州电话局，总局改设在天库前。1923年11月，迁入阊邱坊巷新址。图为位于阊邱坊巷的苏州电话局旧址。

市内电话线路工 电话局线路工维修线路。摄于20世纪40年代。

市内电话交换室 交换室服务台。摄于20世纪30年代。

市内电话话房 摄于20世纪30年代。

常熟电报电话局 清光绪年间,常熟县内商办电报局办理民用电报业务,电报局仅有一部人工操作的莫尔斯电报机。1926年电报局开通长途电话。1929年3月,又开通美制600门步进制自动电话。图为常熟电报电话局,摄于20世纪30年代。

马路拓宽 自1927年起,苏州城内的景德路、观前街、护龙街、西中市、东中市、齐门大街等一些街巷陆续进行拓宽改造。图为拓宽中的景德路。

经营粪肥　苏州传统的环卫业有壅业和清道业之分。壅业(经营粪肥)始于清初,原由部分市民、市郊农民就近街巷收集少量粪便,逐年扩展兼并地段,后由官府发给"官契",确认产权,成为壅业业主。图为抗战沦陷时期拖粪车的清洁工人,摄于渡僧桥下塘。

消防救火　1913年,苏州警察厅建立消防队,民间成立苏州救火联合会。城区引进了法国制造的马达泵浦救火车,救火队员穿统一制服(上青下白、青色大盖帽、白色帽套)。图为苏州商团救火会的救火队员和消防车,摄于20世纪30年代。

胥江水厂 胥江水厂是苏州最早的水厂，建于20世纪50年代，位于胥门百花洲。1980年3月，因水源严重污染而停产。图为水厂水塔。

苏州电信局 抗战胜利后，电报、电话二局合并，改称交通部苏州电信局。中华人民共和国成立后则属国家邮电部管理。摄于20世纪50年代。

苏州电气公司 1958年6月，苏州电气公司发电厂与苏南电网并网发电。1962年7月1日，撤销苏州电气公司建制，发、供电机构分开，分别建立苏州供电局和苏州发电厂。至此，苏州电气公司宣告结束。图为苏州电气公司，摄于20世纪50年代。

第七章 市政设施

马路铺石 为庆祝建国十周年,人民路拓宽工程之后,工人们正在铺设石块路面。摄于1959年。

铺设沥青路面 1962年,在景德路弹石路基础上加铺沥青路面获得成功。从1963年起,结合道路拓宽改造,苏州市开始大规模铺设沥青路面。摄于20世纪60年代。

城市公共汽车 1952年9月,苏州市内开设两条公交线路,到了1959年3月,市内增至五条线路,共27辆车。图为1路公共汽车经过人民路乐桥北,摄于1959年。

清扫马路 中华人民共和国成立后建立市环境卫生管理处,逐步形成清运(粪便收运)、清扫(马路保洁、垃圾收运)、消毒(厕所消毒)、水上(河上收粪和河道打捞)四大环卫工种。图为环卫工人夜间清扫大街,摄于20世纪70年代。

推粪车 被誉为"当了干部,劳动人民本质不变"的环卫处劳动模范谢金妹,坚持下基层推粪车。1975年摄于民治路。

电话长途台 苏州邮电局长途电话服务台话务员。摄于1986年。

拨号自动电话 摄于20世纪80年代。

街头电话亭 摄于20世纪90年代。

投币电话 摄于20世纪90年代。

磁卡电话 察院场邮电大楼提供的磁卡电话服务。摄于20世纪90年代初。

白洋湾水厂　位于江南运河西岸的浒墅关镇运河村,1987年4月至1990年6月,一期工程建成投产。1993年至1995年6月,二期工程竣工投产,设计日供水能力达到30万立方米。

煤气厂　1982年8月,苏州城市管道煤气工程筹建处成立,主要利用苏州钢铁厂焦炉煤气,参混苏州煤气厂制取的水煤气,通过管道输送给用户。图为苏州市煤气厂全景,摄于20世纪90年代。

城东污水处理厂　位于庄先湾8号,主要处理苏州古城区和城东苏安新村、东港新村、宏葑新村和里河新村等小区,以及工业园区启动区的生活污水。摄于20世纪90年代。

城市公共汽车
图为苏州公交文明新风车。摄于20世纪90年代。

扫路车 图为扫路车,摄于20世纪90年代高新区。

出租汽车 20世纪80年代,苏州出租汽车较少,大部分为宾馆(饭店)和外事单位服务。进入90年代,为市民出行服务的出租汽车逐渐增多。

城市照明　图为彩香路路灯安装工程,摄于1996年。

住宅建设　图为三元新村住宅群,摄于20世纪90年代。

干将路俯瞰 干将路建设时动迁居民 8 000 余户,25 000 余人。合并了原有的相门路、铁瓶巷、镇抚司前、通和坊等道路;撤销了干将路两侧的升龙桥下塘、顾亭桥下塘、桐桥东街、司长巷、多贵桥巷、桐桥浜、言桥下塘、后梗子巷、梗子里、广福里、祝家桥巷、登平里、紫兰巷、豆粉园、打线弄、双成巷、鹰扬巷、大八良士巷、小八良士巷、顺平里、太平桥弄、郎中里、升平桥弄、乘马坡巷等 20 多条小巷里弄。

观前地区整治更新

1999年1月,观前地区整治更新工程动工,工程分三期规划和实施,2002年8月完工。图片摄于观前街改造施工期间。

观前新貌

改造更新之后的观前街。摄于2003年。

第七章 市政设施

三香路建设 1986年至1990年的"七五"期间,三香路向西延伸946米,路幅由原来的9~24米拓宽至30~40米。图为三香路建设之初的情景。

新建狮山大桥 三香路建设期间在西端新建狮山大桥,接通了新区的狮山路。狮山大桥主跨70米,东西岸跨各35米,两端引桥各50米,桥宽24.6米。摄于20世纪90年代。

望亭发电厂 位于吴县望亭镇,1958年1月正式建成,为中央部属企业,是华东电业管理局直接领导的特大型火力发电厂。摄于20世纪80年代。

常熟发电厂 位于常熟市长江边的吴市镇,距苏州市区68千米。隶属江苏省电力工业局领导,为部属特大型火力发电厂。摄于20世纪90年代。

第七章 市政设施

解危安居工程　古城区街坊改造安居工程动员大会。摄于1997年。

房屋交易会　图为房地产展示交易会现场,摄于1996年。

城市抗震　苏州市地震监测始于20世纪70年代中期,1990年11月编制《苏州市城市抗震防灾规划》。图为20世纪90年代举行的"苏州市建筑抗震设计规范"研讨班。

城市防汛　中华人民共和国成立后,苏州各级政府都建有防汛防旱指挥部。摄于齐门外大街。

第七章 市政设施

平改坡工作 在老住宅区改造整治中,开展了平顶屋面改坡顶(简称平改坡)的试点工作。上图为改造前的平顶屋面;下图为改造后的坡顶屋面。摄于2001年。

"古宅新居"改造　1989年,十梓街50号实施旧宅院改造试点。外部保持原有的传统风貌,内部按现代化生活的要求重新分隔调整,甩掉了"三桶"(吊桶、马桶、浴桶)。

环保监测　1978年5月,市环境监测中心站建立,承担环境空气、水质、污染源、噪声、生物、土壤等环境要素监测任务,并提出相应的对策和措施。图为环保监理人员登高监测市区烟尘情况,摄于1996年。

整治河道　为保持古城三横三直一环的水系特点以及小桥流水的水巷特色,苏州开展治理古城水环境工作,疏浚治理淤塞严重的河道。图为官太尉河河道疏浚现场,摄于1991年。

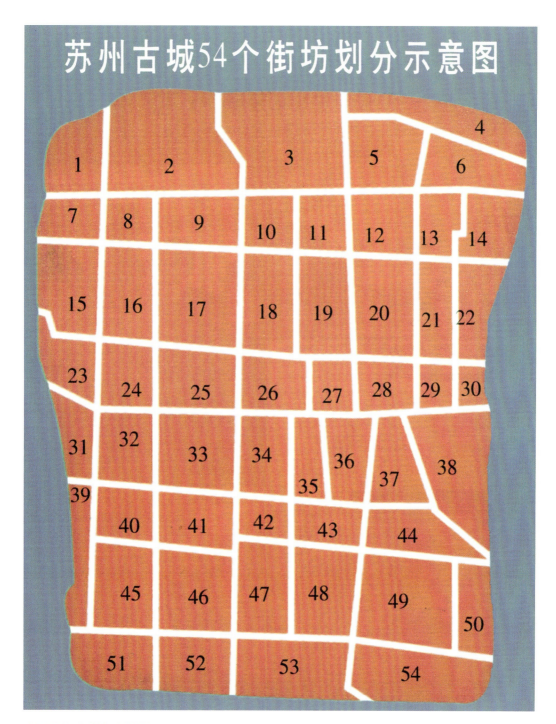

古城区54个街坊示意图

1987年,按全面保护古城风貌的城市建设方针对城区的街坊改造进行规划。为方便规划设计,依路网划分环城河内14.2平方公里的古城为54个街坊。

古城区54个街坊范围说明

苏州古城54个街坊的四至界限表(载2015版《苏州市志》)

街坊序号	东至	西至	南至	北至
1号街坊	桃花桥弄	环城河	宝城桥弄	环城河
2号街坊	人民路	桃花桥弄	桃花坞大街	环城河
3号街坊	齐门路	人民路	西北街	环城河
4号街坊	环城河	齐门路	北园路	环城河
5号街坊	百家巷	齐门路	东北街	北园路
6号街坊	环城河	百家巷	东北街	北园路
7号街坊	阊门西街	环城河	西中市	宝城桥弄
8号街坊	中街路	阊门西街	东中市	桃花坞大街
9号街坊	人民路	中街路	东中市	桃花坞大街
10号街坊	皮市街	人民路	白塔西路	西北街
11号街坊	临顿路	皮市街	白塔西路	西北街
12号街坊	平江路	临顿路	白塔东路	东北街
13号街坊	仓街	平江路	白塔东路	东北街
14号街坊	环城河	仓街	白塔东路	东北街
15号街坊	吴趋坊	环城河	景德路	西中市
16号街坊	中街路	汤家巷	景德路	东中市
17号街坊	人民路	中街路	景德路	东中市
18号街坊	皮市街	人民路	观前街	白塔西路
19号街坊	临顿路	皮市街	观前街	白塔西路
20号街坊	平江路	临顿路	大儒巷	白塔东路

续表

街坊序号	东至	西至	南至	北至
21号街坊	仓街	平江路	中张家巷	白塔东路
22号街坊	环城河	仓街	中张家巷	白塔东路
23号街坊	学士街	环城河	干将西路	景德路
24号街坊	养育巷	学士街	干将西路	景德路
25号街坊	人民路	养育巷	干将西路	景德路
26号街坊	宫巷	人民路	干将东路	观前街
27号街坊	临顿路	宫巷	干将东路	观前街
28号街坊	平江路	临顿路	干将东路	大儒巷
29号街坊	仓街	平江路	干将东路	中张家巷
30号街坊	环城河	仓街	干将东路	中张家巷
31号街坊	学士街	环城河	道前街	干将西路
32号街坊	养育巷	学士街	道前街	干将西路
33号街坊	人民路	养育巷	道前街	干将西路
34号街坊	五卅路	人民路	十梓街	干将东路
35号街坊	公园路	五卅路	十梓街	干将东路
36号街坊	凤凰街	公园路	十梓街	干将东路
37号街坊	叶家弄	凤凰街	十梓街	干将东路
38号街坊	环城河	叶家弄	盛家带	干将东路
39号街坊	西大街	环城河	新市路	道前街
40号街坊	司前街	念珠街	侍其巷	道前街
41号街坊	人民路	司前街	三多巷、书院巷	道前街
42号街坊	平桥直街	人民路	十全街	十梓街
43号街坊	凤凰街	平桥直街	十全街	十梓街
44号街坊	盛家带	凤凰街	十全街	十梓街
45号街坊	东大街	西大街	新市路	侍其巷
46号街坊	人民路	东大街	新市路	三多巷、书院巷
47号街坊	乌鹊桥路	人民路	竹辉路	十全街
48号街坊	带城桥路	乌鹊桥路	竹辉路	十全街
49号街坊	相王路	带城桥路	竹辉路	十全街
50号街坊	环城河	相王路	竹辉路	十全街
51号街坊	东大街	环城河	环城河	新市路
52号街坊	人民路	东大街	环城河	新市路
53号街坊	南园路	人民路	环城河	竹辉路
54号街坊	环城河	南园路	环城河	竹辉路

平门重建 为了彰显苏州古城风貌,同时也给新建的火车站增添精彩,苏州重建平门城墙城楼。摄于2012年7月。

火车站重建 2007年11月28日,苏州火车站重建工程正式启动,2013年2月投入使用。图为建设中的苏州火车站,摄于2011年。

环古城河风貌保护　正在建设中的阊门外护城河吊桥地区情景。摄于2003年。

平江新城开发建设　2004年3月31日,市委、市政府召开"三个新城区"开发建设动员大会,全面启动平江、沧浪、金阊新城区开发建设。图为平江新城开发建设场面,位于古城区北,摄于2008年。

沧浪新城开发建设　位于古城区南。摄于2008年。

金阊新城开发建设　位于古城区西北。摄于2008年。

第七章 市政设施

吴县市市区建设 摄于20世纪90年代。

常熟市市区建设 摄于20世纪90年代。

张家港市市区建设 摄于20世纪90年代。

昆山市市区建设 摄于20世纪90年代。

第七章 市政设施

吴江市市区建设 摄于20世纪90年代。

太仓市市区建设 摄于20世纪90年代。

《康熙南巡图·苏州篇》(局部)

第八章　农林水利

苏州生态优越,物产丰饶,是江南的鱼米之乡。苏州地区种植业种类繁多,主要有稻、麦、油菜、豆类等粮食作物以及棉花、蔬菜、茶花、瓜果、黄麻、薄荷、蚕桑等经济作物。城郊以种植蔬菜、茶花为主。其中茶花种植业传承久远,极富地方特色。

中华人民共和国成立前,农村长期处于小农经济状态,生产方法陈旧,从种到收皆靠人力、畜力和老式农具。水利设施也十分落后,圩堤残破,河道淤浅,沟不成套,高田缺水,低田易涝,排灌靠人力、牛力车水,种田听天由命。

中华人民共和国成立后,改良农具工作进展加快,多数农具已被农业机械所替代,实现了耕地、排灌、脱粒、植保、粮饲加工、农业运输机械化和半机械化。苏州政府坚持年年兴修水利,工程效益明显,农业生产条件大为改善。20世纪50年代中期前,主要是恢复、整修、加固防洪圩堤,疏浚河道,农田抗旱能力基本皆可达到百日无雨保灌溉。随着农业合作化实现,集体经济增强,水利建设每年都被列入农村冬季的重要工作。

20世纪60年代初,农村生产关系和有关农业经济政策有所调整,实行"三级所有,队为基础"的经营体制;开展"农业学大寨",发扬"愚公移山"精神,大力兴修水利,推广使用新式农业机具和新技术,使农业生产渐趋恢复和发展,但在收益分配上存在平均主义,农民生产积极性仍受到抑制。中共十一届三中全会后,贯彻落实了党在农村的一系列政策,推行各种形式的农业生产责任制,尤其是实行家庭联产承包责任制后,农民有了生产自主权。苏州政府同时组织水利、农机、植保等社会化专业服务,使农村各业获得了全面的发展。

耙田　水稻栽种前，秧田需灌水后耙碎，用木板挤平。摄于20世纪60年代。

插秧　插秧季节，男子戴笠帽，女子扎头巾，上衣束起，裤管高卷。摄于20世纪60年代。

打秧孔　旱地秧苗移栽前先用锥形农具在土里打孔。摄于1932年。

撒秧灰 给秧苗撒草木灰，以保护稻谷，不让麻雀衔去，同时疏松土壤。1965年4月摄于吴县长桥公社红旗大队十六生产小队。

水稻育秧 20世纪50年代推广陈永康经验，全面采用合式秧田。60年代开始提倡双季稻，为争取早栽，早稻育秧用农用塑料薄膜保暖。图为吴县长桥公社龙桥大队水稻育秧，摄于1966年。

培育绿萍 苏南农村大力培育三水一绿（水花生、水葫芦、水浮莲和绿萍）水生植物，作为农家肥料和饲料。图为吴县长桥公社龙桥大队绿萍培育地，摄于1964年。

手扶拖拉机 1958年8月,苏州农村开始使用手扶拖拉机。农民用手扶拖拉机牵引开沟机,用以三麦、油菜田间开沟。20世纪70年代摄于太仓。

养猪积肥 家畜粪肥是重要的有机肥源之一,特别是养猪积肥,农民素有传统,有"养猪不赚钱,回头看看田"的俗语。图为吴江平望农村养猪积肥的场景,摄于20世纪60年代。

罱河泥 河泥即河底淤泥,是一种常用的有机肥。罱河泥是用两支竹竿弯制成钳状,顶端装以罱网或罱箪,用人力从河(湖)底夹取河泥,盛于船舱,舱满即摇到田边,用以塘制柴泥、草泥。在城市河道罱取的称"黑泥",亦可直接下田,作为夏熟作物苗期追肥。20世纪60年代摄于太仓。

卷水草 江南农村素有割野草、卷水草沤制肥料的习惯。图为卷水草场景,方法是用两根竹竿,伸入河底卷动,将面条草等水草缠于竹竿上捞起,与河泥混合堆叠,腐烂后做肥料。20世纪60年代摄于常熟农村。

做泥塘 草塘泥是农作物常用的有机肥料之一,用河泥(或塘泥)、稻草、动物粪尿、青草、绿肥等植物性有机物为原料,经混合后在淹水条件下沤制而成。1975年摄于吴县渭塘镇。

开潭 用开潭翻塘沤制的方法,制作"灰塘泥"。方法是冬前先在田角留好约4米见方空地,开挖成内径3米左右,深1.5米左右的圆潭,用柴草、猪灰、河泥、红花草经几次翻塘而成,待其发酵腐熟,以出现"蟹沫、绿泡、黑水、臭气"为好,插秧前挑入稻田作基肥,每亩40~50担。20世纪60年代摄于太仓农村。

腾泥 将沤制的草灰塘泥挑至田头。1973年摄于吴县湘城。

挑粪肥 人粪尿是传统农家肥料，除农民自积自用外，许多乡镇还专门派人前往上海、苏州等城市组织粪肥，用船装运回来。20世纪60年代摄于吴江庙港。

修筑沟渠 中华人民共和国成立后，在建设机电灌排站的同时，相应建筑干渠、支渠、斗渠三级输水系统。图为太仓新湖公社新丰大队社员在修筑灌溉沟渠，摄于1974年。

第八章 农林水利

脚踏龙骨水车 在机器和电力灌溉普及之前,江南农村汲水和排涝主要靠龙骨水车。龙骨车靠风力、牛力、人力驱动,统称"三车"。人力车又分脚踏、手牵两种。图为脚踏水车,20世纪50年代摄于沙洲县农村。

手牵龙骨水车 1957年摄于吴县藏书乡穹窿山兴奋农业合作社。

植保机械 20世纪50年代中期,农村开始批量使用手动喷雾器、喷粉器喷撒农药,1970年引进机动弥雾机和喷雾机,手动与机动并用。图为机动喷雾机在喷撒农药,20世纪70年代摄于太仓农村。

农田打药水 太仓璜泾。摄于20世纪70年代。

虎丘花农 清光绪时期,苏州出现花窨茶业,开始发展茶花生产。苏州栽种香花遍布于虎丘一带。图为虎丘山下花农采摘茉莉花,摄于1977年9月。

第八章 农林水利

水稻收割 图为吴县浦庄公社水稻收割场景，摄于1964年。

收割油菜籽 图为太仓璜泾油菜籽收割场景，摄于20世纪70年代。

掼稻 用稻桶掼稻。稻桶,又称稻床,是以木架,横向穿有若干竹制栅条,形成一倾斜杠框形体,进行手工掼打稻麦作物脱粒之用。20世纪60年代摄于吴江。

人工甩麦 江南栽培麦子始见于南朝。北宋宋太宗大力提倡在江南、两浙种麦,促进了太湖地区稻麦两熟制的发展,麦子开始进入稻田。图为人工甩麦脱粒,20世纪60年代摄于常熟。

削谷 一种比较原始的稻麦脱粒方法,即用人工将稻穗或麦穗撸摘下来。20世纪70年代摄于吴江。

脱粒机 20世纪60年代机动脱粒机问世,逐步淘汰了脚踏脱粒机。20世纪70年代摄于常熟。

新式脱粒机 1964年苏州专署手工业局对各种脱粒机进行对比、选型后,由无锡县红旗公社农机厂研制稻麦两用脱粒机,因该脱粒机功效高,可脱油菜籽、红花草籽,因而在全区迅速推广。20世纪70年代摄于太仓。

风车扬谷 风车,又名扇车。工作时谷物加入喂斗,手摇风扇生风,谷物经过调节门漏向出料口,轻质杂物被风扇出,饱满籽粒从出料口流出。20世纪50年代摄于吴江。

磨镰刀 农村使用的镰刀有砍镰、宽镰和窄镰三种。20世纪60年代起开始大量使用锯齿镰,使用中可以自磨刃,切割水稻十分锋利。图为农忙时节磨镰刀,20世纪70年代摄于常熟。

运送水稻 农村水上运输一般用木制农船,载重3~4吨,船上配有橹、舵、竹篙、跳板、纤绳、平仓板。图为农船运送水稻,20世纪60年代摄于常熟。

粮食收购 1953年10月,按中共中央和国务院的《粮食计划收购和计划供应(统购统销)》政策,各地农村向余粮户实行粮食计划收购的政策,简称"统购"。图为太仓农村收购粮食的情景,摄于20世纪60年代。

粮食入库 农民将粮食送到国家指定的设备齐全、仓容量大、储存条件好的粮库进行长期保管。图为太仓农民送粮入库,摄于20世纪60年代。

稻谷登场 水稻收割后进行脱粒收贮。20世纪70年代摄于太仓农村。

送粮出售 1982年,农村实行联产承包责任制,极大地调动了农民的生产积极性和自主权,粮油连年增产。图为停泊在油泾公社粮站前等待出售稻谷的粮船,摄于1983年。

水稻生产现场会
1976年6月26日至7月5日,农业部在无锡县召开南方十三省(市)水稻生产现场会议。会议期间,出席会议的代表160余人到沙洲县塘桥公社六大队参观考察水稻生产的情况。

商品粮基地建设经验交流 1977年苏州地区召开阳澄淀泖地区商品粮基地经验交流会议。阳澄淀泖区位居太湖下游,娄江、沪宁铁路以南,太浦河以北,控制灌排面积1 500平方公里,涉及吴县、吴江、昆山三(县)市。

棉花种植 明代后,苏州沿江的太仓和常熟地区成为重点产棉区。中华人民共和国成立后,常熟、太仓等沿江平原为稻棉混作区,每年种棉约40万亩。20世纪70年代摄于沙洲县。

采摘棉花 摄于20世纪50年代。

运送棉花 20世纪70年代摄于太仓农村。

选棉籽 捡棉籽,挑选良种。1975年摄于常熟。

棉花晒场

晒场拣棉花。20世纪70年代摄于沙洲县农村。

养鸡场 1971年因外贸需要,公社、大队、生产队纷纷建集体养鸡场,饲养白洛克肉鸡。摄于常熟农村。

购运雏鸡 20世纪70年代摄于太仓。

运河养鸭 20世纪70年代摄于太仓。

生猪饲养 1958年人民公社始办养猪场。图为兽医给小猪打防疫针,20世纪70年代摄于常熟农村。

蟹农 挑选分装阳澄湖大闸蟹。摄于20世纪70年代。

养兔剪毛 20世纪60年代摄于太仓。

栽桑养蚕 苏州地区栽桑养蚕历史悠久,其中吴江西南各乡种桑养蚕为主要副业。1960年梅堰袁家埭出土刻有蚕形图纹的陶器和纺轮等,为新石器时代中晚期的产物。明初,朝廷鼓励农桑,吴江许多乡镇遍地植桑,"乡村间殆无旷土"。1929年吴江县蚕桑场成立,1934年又成立蚕桑改良区,下设指导所32处。中华人民共和国成立后,政府安排大量桑苗和蚕种贷款,支持蚕桑生产,同时改进栽桑、养蚕和防治病虫害等生产技术。图为吴江农村养蚕即景:1.器具消毒;2.蚕种收取;3.桑叶采摘;4.养蚕饲育;5.稻草做簇;6.采收蚕茧。

太湖渔民　1958年10月,成立太湖人民公社。有渔民12 548人,渔船2 141条。1987年吴县有17个太湖渔业捕捞村。摄于20世纪60年代。

渔船归港　浏河港古称刘家港,曾是我国海运漕粮和对外贸易的重要港口。中华人民共和国成立后还设有省海洋渔业公司和浏河镇渔业生产合作社使用的渔港,摄于20世纪70年代。

江苏省海洋渔业公司　始建于1957年,位于浏河镇,下属渔轮大队、海轮修造厂、鱼品加工厂3个单位。

改造山地 吴县藏书穹窿山下兴奋农业合作社社员改造山地,摄于1957年。

围垦黄天荡 黄天荡位于葑门外,明清以来这里是苏州人观荷纳凉之处,被称为"荷花荡"。1966年,在以粮为纲的年代,群力大队在黄天荡南区围湖造田,各处调土,填出了750亩田种植水稻,成为苏州围湖造田的典范。1974年,苏州市又发动十万余人围垦黄天荡,将北部千亩水面全部填平,至此黄天荡永远消失。图为1966年黄天荡围垦情形。

土地整治 小农经济时代,农田高低不平,大小悬殊,杂乱无章,灌溉排水和田间作业很不方便。公社化后,土地归集体所有,各地大搞农田基本建设,结合水利工程,进行土地平整,农田面貌彻底改观。20世纪70年代摄于常熟农村。

望虞河工程 望虞河西起吴县望亭镇的沙墩港口,东至常熟梗泾口入长江,全长60千米,1959年4月全线完成拓浚工程。图为望虞河工程誓师大会在常熟兴福寺召开,摄于1958年。

工地运土机械

1958年吴江太浦河、太仓浏河、常熟望虞河在施工时,曾采用"四平车""板车"运土。图为望虞河工地上的运土机具,摄于1958年12月。

浏河水利工程 浏河水利拓浚工程分别进行过两次,第一次于1958年11月至1959年7月,第二次于1975年11月至1976年7月。图为浏河第二次拓浚工地广播站,摄于1975年。

解放军支援河工 浏河拓浚工程中解放军指战员前来支援。摄于1958年。

太浦河工程　图为太浦河第一期工程竣工,营级以上干部合影留念,背景为29孔太浦河节制闸,摄于1960年。

太仓钱泾河拓浚　图为拓浚工程誓师大会,摄于1976年。

第八章 农林水利

节制闸竣工

1976年,沙洲县乐余公社疏浚四干河,在河口建造节制闸。图为四干河节制闸竣工开闸放水前的场面。

长江防汛

台风将临,沙洲县组织人员用芦苇捆扎地龙,准备堵塞缺口,保护江堤。摄于20世纪80年代。

横山植树 长期以来,由于缺少管理,近郊不少山冈荒芜。20世纪60年代初,苏州开展植树造林活动。图为群众在横山植树。

虞山植树 常熟虞山林木原来十分茂盛,抗战时期,日军砍伐所谓"军树",树林破坏殆尽。中华人民共和国成立以后,常熟市政府成立虞山林场进行育苗植树、造林护林,动员群众数十万人次上山植树。图为1960年常熟青年举行绿化虞山誓师仪式。

虎丘山下铲秧苗 虎丘地区耕作历来是一年稻麦两熟。图为插秧季节,村民在秧田铲秧,摄于20世纪80年代。

江南麦苗青 北宋末年,由于当时规定稻田种麦不收麦租,农民竞种麦类,那时麦子已有大麦、元麦、小麦之分。图为胜浦大片麦田。

油菜花儿黄 油菜属于经济作物,名云苔菜,俗呼菜箭,味美,春后开花,取其籽做油,味香而清。太湖地区油菜记载始见于明徐光启的《农政全书》,说"近人因有油利,种者亦广"。明嘉靖《吴邑志》述及"油菜冬种春收,苔可食,到四月取其籽压油"。图为江南油菜开花季节时的场景。

拖拉机插秧

1975年推广太仓插秧机厂生产的"苏州-74型"机动插秧机,是苏州地区主要机型。1980年摄于昆山蓬朗。

拖拉机收割

1984年至1987年苏州地区先后引进桂林、湖州、镇江生产的联合收割机和日本联合收割机。图为太仓茜泾乡马北村收割机工作的场景。

秸秆还田 1980年推广油菜萁还田。群众反映秸秆还田后"田脚由僵变松,耕性由差变好,耕层由浅变深,土色由青变黑,土壤由瘦变肥,杂草由多变少"。20世纪80年代摄于昆山农村。

抗洪排涝　苏州农村积极发展机电排灌建设。图为1999年吴县东山利用机灌设备抗洪排涝的情景。

铺设灌溉水管　乡镇水利工程中铺设农田灌溉水管。20世纪80年代摄于常熟董浜。

引水上山 图为吴县临太湖山区蓄水灌溉池。

修筑海塘 太仓海塘北起白茆口南岸,南至宝山县界,全长37.8千米。明洪武年间,已有官修海塘。20世纪90年代,全面完成海塘护岸护坎工程。图为位于太仓浏河的修筑海塘纪念碑。

第八章 农林水利

肖甸湖森林公园 位于同里镇东侧,原为肖甸湖垦区,后退田还湖。图为森林公园内林木茂密,遮天蔽日的情景。

开山宕口复绿 为保护生态环境,苏州市于2002年开始对西部山区开山宕口进行复绿。图为经过绿化改造后的吴中区木渎焦山宕口。

南石湖退田还湖 图为南石湖退田还湖放水典礼,摄于1987年12月。

《康熙南巡图·苏州篇》(局部)

第九章　工矿企业

苏州自古以来手工业发达,包括丝绸、工艺美术、棉纺织、造船、造纸、眼镜以及酿酒等行业,行业之多、技艺之精、声誉之隆,皆名列全国前茅。清末民族资本主义工商业开始出现,但发展缓慢。民国年间,苏州的工商业在艰难曲折的道路上有了相当的发展。抗战胜利初期,苏州丝绸、纺织、轻工等行业生产有所恢复。

中华人民共和国成立初期,苏州市现代工业不多,传统手工业行业众多。在经历社会主义改造后,不仅现代工业得到发展,而且凭借众多的手工行业,在发展大量传统产品的同时,孕育出一批批新的产业和产品,加速了苏州工业的发展。

中共十一届三中全会以后,贯彻执行改革、开放方针,发展对外经济贸易,全面进行技术改造,苏州经济发展进入中华人民共和国成立以来的最好时期。1985年5月,苏州被列为国家沿海经济开放地区,90年代建立的高新区和工业园区为苏州工业发展注入了强劲动力。进入21世纪,在市区执行的保护古城"退二进三"政策和经济体制改革中,市属工业企业的所有制结构发生重大变化,国有、集体企业多数从竞争性领域退出。振亚丝织厂、苏纶纺织厂等多家知名企业相继破产或重组,外资企业在对外开放政策的强力推动下迅速崛起,民营经济在改革中实现了腾飞。

从农业中孕育出来的乡村工业(社队工业),起步于1958年,改革开放后,兴办乡村工业热潮再度掀起,形成一支亦工亦农、"离土不离乡,进厂不进城"的职工队伍。经过数十年的发展,乡村工业成为农村经济的主要支柱。1983年3月起实行市管县新体制,城乡联合,苏州所属县(市)的工业发展迅猛,现代化工厂集团和外向型企业星罗棋布,经济实力大大增强。张家港的沙钢集团、常熟的波司登集团和隆力奇集团、太仓的雅鹿集团、吴江的亨通集团等一批企业成为行业领军型企业。

苏经丝厂 创建于清光绪二十一年(1895),是苏城最早的近代工厂,也是江苏省第一家使用机械动力的机器缫丝工厂,位于盘门外吴门桥东首。

苏纶纱厂 清光绪二十一年(1895)创建于盘门外,苏纶纱厂与南通大生纱厂、无锡业勤纱厂等,在中国近代工业史上占有重要地位。

苏州恒利丝厂 光绪二十二年(1896),在葑门外觅渡桥筹建,翌年投产,有意大利产缫丝车104台。

雷允上　位于阊门内,清雍正十二年(1734),吴门名医雷大升在天库前周王庙弄口开设诵芬堂药铺,始创雷允上药业。摄于20世纪50年代。

苏州市玉石雕刻厂　1958年10月,苏州市玉石雕刻生产合作社改为玉石雕刻厂,工厂位于金门内石塔头2号。

苏州火柴厂
1920年刘鸿生等7人集资建立私营鸿生火柴厂,厂址在胥门外,其生产的宝塔牌火柴,因质量优良,被誉为名牌产品。摄于20世纪70年代。

苏州华盛造纸厂

1919年创建于枫桥路凤凰桥堍,最早生产的是"凤凰"牌黄版纸。20世纪30年代,开始生产道林纸、牛皮纸、胶版纸、彩色有光纸等薄型高级纸张。摄于1959年。

苏州动力机器厂 该厂建于1958年,位于留园马路。图为该厂生产的内燃机,摄于1959年。

苏州针织内衣厂 位于吴门桥南原苏经丝厂旧址,建于1958年。图为该厂车间,摄于1959年。

电子工场 "大跃进"期间,苏州市委做出大力发展电讯仪表工业的决定。图为街道电子生产车间漆包线生产的情景,摄于1958年。

苏州机床厂 位于广济桥堍,始建于1952年,名苏州铁工厂,1953年底造出苏州第一台牛头刨床,1959年5月易名苏州机床厂。摄于1959年。

西山煤矿 明清时即有人在西山开采煤矿,中华人民共和国成立初停止开采。1969年3月为响应"大力开发江南煤田,扭转北煤南运"的号召,恢复建矿。摄于1973年。

苏州化工厂 1955年青岛实业化工厂骨胶一分厂迁至苏州,改名苏州化工厂,产品为骨粉、骨油、骨胶等。摄于1959年。

苏州钢铁厂 位于浒墅关镇,系1957年国家创办的地方国营企业。摄于1959年。

苏州丝织试样厂 位于白塔西路,属于丝绸行业试制新产品的专业厂。摄于20世纪80年代。

第九章　工矿企业

苏州缝纫机厂　成立于1956年,1973年成为全国缝纫机生产定点企业,1978年在娄门外糖坊湾建成新厂,产品商标为凤凰牌。摄于20世纪80年代初。

苏州电池厂　1956年南洋电池厂公私合营,改称苏州电池厂。图为苏州电池厂加浆车间,摄于20世纪80年代初。

苏州玻璃厂　1925年,安徽人张中正在戈登桥(今解放桥)创建张中正玻璃厂,40年代企业倒闭。1950年苏州物产贸易公司买下张中正玻璃厂土地和房屋,建立地方国营苏州玻璃厂,生产热水瓶、茶杯。图为热水瓶生产车间,摄于20世纪70年代。

苏州起重机械厂 位于虎丘路一号桥,1972年由苏州市化工机械厂分建苏州起重机械厂。图为该厂生产的液压叉车,摄于20世纪80年代。

苏州电瓷厂 位于南门路47号,该厂生产各种高压电瓷,是机械工业部七家重点电瓷厂之一。摄于20世纪60年代初。

苏州半导体总厂　　始建于1966年,厂址位于新市路3号原建筑工程学校校址内。该厂产品有发光器件、集成电路、锗管、硅管4个大类。摄于20世纪70年代。

振亚丝织厂　　位于仓街,创建于1917年,业主取名"振亚",寓"振兴东亚实业,发扬中华国光"之主旨。1925年,有9种产品参加美国费城万国博览会,获最优等奖。中华人民共和国成立后成为与东吴、光明、新苏齐名的四大绸厂之一。摄于20世纪80年代初。

苏州第一丝厂 位于南门外青旸地,前身为日商在1926年开设的瑞丰丝厂,苏州解放后,为人民政府接管,定名苏州第一丝厂,是苏州市最早的国营工厂之一。摄于20世纪80年代。

东吴丝织厂 位于人民路540号,始建于1919年,为苏州市区四大绸厂之一。摄于20世纪80年代。

光明丝织厂 建于1956年,厂址位于西北街140号。经过多年发展,成为与振亚、东吴、新苏齐名的四大绸厂之一。图为改革开放之初,该厂从日本引进的喷水织机。

江南丝厂 1946年周元勋在浒墅关义桥头建立,有当时最新式的环球式立缫车208台。1952年工厂改为国有,从单一的白厂丝生产,发展成为化纤、丝织、长丝的生产企业。

苏州硫酸厂 厂址在娄门外苏昆公路边,1959年10月竣工投产,为全省第一家市属硫酸厂。其产品曾获化工部优质产品和江苏省优质产品称号。

苏州阀门厂 厂址在平门内,始建于1952年,铁铸管为其主产品。为支援国防工业建设,该厂于1961年10月划归第二机械工业部管理。1971年改称国营五二六厂,1980年12月起,对外称中国原子能工业公司苏州阀门厂。

第九章 工矿企业

苏州手表总厂 1973年成立,1976年迁入娄门外下塘日规路新厂区,产品有机械男表、统一机芯表、日历女表、薄型表四个系列,属于大型钟表制造企业。

苏州电视机厂 原名苏州第三电子仪器厂,1973年被第四机械工业部定为电视机发展重点企业,更名为苏州电视机厂,生产的孔雀牌电视机被评为国家和部、省优质产品。摄于20世纪90年代。

苏州吸尘器厂　1980年创办，1984年5月定名，厂址为东中市27号。生产的春花吸尘器成为著名品牌，与孔雀电视机、长城电扇、香雪海电冰箱被誉为苏州家电"四大名旦"。摄于20世纪90年代。

苏州电扇厂　厂址在桃花坞大街89号，成立于1970年，所产长城牌电扇成为知名品牌，"长城电扇，电扇长城"的广告语曾家喻户晓。摄于20世纪90年代。

苏州电冰箱厂　位于桐泾北路，始建于1976年，原为苏州医疗刀剪厂，1983年3月定名为苏州电冰箱厂，所产香雪海电冰箱成为国内知名品牌。摄于20世纪90年代。

开弦弓生丝产销合作社 位于吴江庙港,1929年8月5日,开弦弓村有限责任生丝精制运销合作社的机器丝厂开工,装备坐缫车32台,人员70余,日产厂丝20市斤。该厂是我国历史上第一个农村合作丝厂。摄于1936年。

江苏省立女子蚕桑学校实验代缫丝厂

始创于1930年,原为学校实习工场,有坐缫车30台。图为该厂缫丝车间,摄于20世纪30年代。

昆山五丰面粉厂旧址 位于昆山朝阳街道小西门。1942年,粮商张国梁等集资建立五丰面粉厂,中华人民共和国成立后成立国营昆山面粉厂。

利泰纱厂 位于太仓沙溪镇,创建于清光绪三十一年(1905),由巨绅蒋伯言等集资创办,是江苏省最早的三家民族棉纺工业企业之一。摄于20世纪40年代。

震丰缫丝厂 1929年震泽丝业界施肇曾等牵头,与上海丰泰丝厂业主孙荣昌合作兴办。这是吴江县内第一家机器缫丝厂,使用金双豹及玉佛牌商标。同年,产品送展杭州西湖博览会,被评为一等奖。

常熟布厂 图为常熟布厂生产车间。为了方便母亲哺乳,角落置有婴儿睡篮。摄于1954年。

平望银鱼加工厂 银鱼为太湖三白(白鱼、白虾、银鱼)之一,将鲜银鱼拌上菜油,在网片绷成的"撬"上可一次性晒成鱼干。烹制时,用温水浸一下,柔若无骨,可制成各种应时名菜。摄于20世纪50年代。

常熟"碧溪之路" 20世纪80年代,在常熟形成了以碧溪乡为代表的"碧溪之路"发展模式。图为碧溪乡社队企业职工下班时的情形。

第九章　工矿企业

太仓县农机修造一厂　厂址在沙溪镇,始建于1956年,是中型拖拉机配套机具的生产企业,产品出口泰国、斯里兰卡等国。摄于20世纪70年代。

太仓县插秧机厂　始建于1958年,厂址在城厢镇。1960年起生产机动插秧机。摄于20世纪60年代。

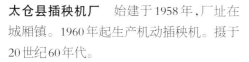

沙洲欧桥针织厂　1963年以后,妙桥公社欧桥大队等一些社队企业先后生产尼龙手套、尼龙袜和尼龙衫裤。1979年以后,妙桥等公社又相继兴办了一批毛纺织企业,主要生产毛纱和麦尔登等粗纺呢绒。摄于20世纪80年代。

沙溪造船厂　沙溪人民公社造船厂在制造轮船。摄于1959年。

吴县木渎水泥厂　在木渎镇东郊西跨塘,原称金山水泥厂,1975年11月建成投产。其产品"金猫"牌水泥,在1983年全省乡镇水泥质量评比中名列第三,并连续三年获"重合同、守信用"企业称号。摄于1984年。

沙洲县农机修造厂 1968年,县属沙洲、杨舍、塘桥、乐余、后塍农机修造厂建立以后,沙洲县随即扶助各公社建立农机厂。至1972年,全县23个公社农机厂全部建成投产,形成了县、片、公社三级农机修造网。图为沙洲县农机修造厂生产的插秧机出厂。摄于1976年。

工业誓师大会 沙洲县召开发展社队工业誓师大会。摄于1978年。

灵岩山下工厂群 1958年,吴县木渎镇掀起大办地方工业的高潮,建成工厂32家,后逐步压缩减少。1964年起,镇、社队工业又开始恢复发展。进入70年代,在镇东郊形成一个工业开发区,成为吴县主要工业基地。图为吴县县办和木渎乡镇办企业厂房,摄于20世纪70年代。

西山水泥厂 位于西山东部元山,建于1972年,属吴县十大骨干企业之一,所产"林屋"牌水泥被评为苏州优质名牌产品。1999年为保护太湖西山环境,水泥厂全面停产。摄于20世纪70年代。

第九章　工矿企业

社办水泥厂　常熟支塘公社水泥厂,摄于1958年。

农机维修　常熟农业机械厂脱粒机维修场面。摄于20世纪60年代。

吴江工艺织造厂　1972年成立,厂址在盛泽镇北。1985年1月,该厂与上海工艺美术公司联营,成为该公司抽纱、刺绣的面料基地。摄于20世纪80年代。

太仓利泰纺织厂 厂址在沙溪镇,清光绪三十二年(1906)建成投产。1966年成为全民所有制企业,主要生产纯棉、化纤、混纺三大类40多个品种的内外销纱,远销德国、英国、意大利、日本等国和中国香港地区。图为该厂出口纱车间,摄于20世纪90年代。

太仓化肥厂 厂址在沙溪镇东,1968年建成投产,产品曾荣获国家金质奖牌。摄于20世纪80年代。

阳山白泥矿 苏州西部阳山瓷土即高岭土资源极为丰富。高岭土,俗称白泥,唐代即列为贡品,历代均有开采。1955年成立苏州瓷土公司。图为吴县白泥矿开采,摄于20世纪80年代。

常熟市机械总厂 1982年,苏州地区机械厂试产130升家用电冰箱,1983年改名常熟市机械总厂。1985年,家用电冰箱的全部零件实现国产化。图为"白雪"牌电冰箱生产车间。

常熟无线电元件厂 1985年常熟电子元件厂与苏州电子器材公司联营生产14英寸"天鹅"牌黑白电视机。图为电视机生产线,摄于20世纪80年代。

沙洲县客车厂 1970年4月,沙洲县乐余公社创办首家汽车修配厂,敲制汽车外壳。1979年更名为沙洲县客车厂,生产的"牡丹""沙洲""友谊"牌旅行车和特种车等在各级各类评比中多次获奖。

吴县防爆电机厂 位于木渎,1979年5月试制家用电扇。1984年6月,以该厂为龙头,成立骆驼电器集团公司。1986年"骆驼"牌电扇在全国评比中荣获国家银质奖。图为电扇生产车间,摄于20世纪80年代。

吴江达胜皮鞋厂 厂址在吴江北厍镇,建于1981年。至1985年,该厂拥有9个分厂及2个联营厂,组成以"达胜"女鞋为主要产品的皮鞋生产集团。

第九章　工矿企业

昆山友谊皮鞋厂　初为1974年建立的周庄乡云南大队皮鞋厂,专为上海厂商加工产品。1986年建立上海友谊皮鞋厂昆山周庄联营厂。图为外国专家在进行技术指导,摄于20世纪80年代。

中国苏旺你有限公司　1984年8月,由中国银行咨询信托公司、昆山县轻工业公司、日本国苏旺你株式会社三方投资合营,是苏州市第一家中外合资企业。

恒力集团　始建于1994年,原为吴江化纤织造厂,公司为全国500强企业,其生产的恒远牌涤纶长丝为江苏省名牌产品。图为位于吴江盛泽的恒力集团总部。

347

波司登集团　1976年创办于常熟白茆,是以羽绒服为主的综合服装经营集团,其品牌包括波司登、雪中飞、康博等。摄于1998年。

波司登登山队　图为冠名中国波司登登山队的中国登山队员登顶珠穆朗玛峰,摄于1998年。

梦兰集团　创建于1972年,位于常熟虞山镇梦兰村,主要生产床上用品。

第九章　工矿企业

张家港华润玻璃有限公司　位于张家港市锦丰镇,1998年成立,当时为国内三大平板玻璃生产加工基地之一。

江苏AB股份有限公司　位于昆山正仪正兴东路15号,成立于1995年,专业生产针织内衣,是一家集科研、开发、营销于一体,统织造、染整、成衣一条龙的企业集团。

好孩子集团
位于昆山,创立于1989年,世界儿童用品行业的重要成员之一。

华芳集团

总部位于张家港,始建于1975年,是一家以纺织为主业,棉纺为核心,集棉纺织染、针纺织染、毛纺织染、制衣于一体的大型股份制企业。

雅鹿集团

位于太仓鹿河工业区,创立于1972年,在服装领域已建成羽绒服、休闲服、西服等六大专业生产基地。

隆力奇生物科技公司

位于常熟,创建于1986年,主要经营化妆品、家用洗涤品、养生保健产品等多种产品。

永钢集团　始建于1984年,位于张家港市南丰镇永联村,属村办集体所有制轧钢企业。1993年正式组建江苏永钢集团公司,2003年6月,永钢集团百万吨炼钢项目工程顺利投产。

沙钢集团　创建于1975年,位于张家港市,是国内最大的电炉钢和优特钢材生产基地,也是中国目前最大的民营钢铁企业。

《康熙南巡图·苏州篇》(局部)

第十章　店铺商社

早在春秋时期,吴国的"吴市"已闻名遐迩。汉代,苏州成为东南一大都会。隋朝京杭运河拓浚,更促进了苏州商业的繁荣和市场发展。宋代,苏州城市市场形成以内城河为枢纽、乐桥大市为中心的总格局。明清时期,苏州成为东南著名的商品集散中心。

鸦片战争后,苏州商业雄视东南的地位一落千丈。至光绪年间,阊门外商市在石路一带复兴,逐步形成城里以观前街为中心、城外以石路为中心的两个商业区。1934年苏州国货商场(今人民商场)建成开业,令江浙沪商界瞩目。

中华人民共和国成立后,国家对资本主义工商业实行利用、限制、改造的政策,全国逐步实行酒类、烟类(卷烟)等商品专卖,粮食、棉布统购统销。1956年,全市私营商业实行全行业公私合营。20世纪50年代,开辟了南门新商业区,同时各行业彻底革除了种种陈规陋习,提倡社会主义商业新风尚,以"为人民服务"为宗旨,开展优质服务和劳动竞赛。

20世纪60年代初国民经济困难时期,因货源不足,许多工业品、副食品先后实行凭证凭票定量供应。"文化大革命"期间,全市商业进一步受到严重影响,集市贸易被明令取缔;集体商业也以国营为模式,完全禁止城乡个人经商,商业只留国营一条渠道,市区商业网点被大量裁减。

中共十一届三中全会后,商业体制开始改革,商品流通渠道扩大,国营商业一统天下的局面被打破,集体、个体商业发展迅速。国营零售商业实行经营承包责任制,扩大企业自主经营权,老字号、名特店先后扩建改造,市区商业网点迅速发展。

改革开放给苏州商业发展带来了生机,新商业街不断形成、发展、崛起;工业品贸易中心、副食品贸易中心及小商品批发市场等专业商品市场发展迅速,大中型商场如雨后春笋般兴起。城市市场繁荣,城乡经济得以发展,一些县(市)区形成的丝绸、服装、家具等专业市场,在全国也颇有影响,苏州又迈入了国内知名工商业城市之列。

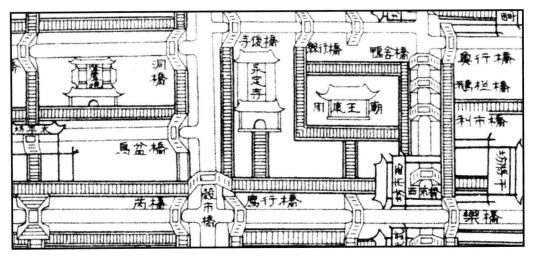

《平江图》碑上的商业市场 《平江图》碑为宋代平江(今苏州城)城市地图,系南宋绍定二年(1229)郡守李寿朋主持绘刻。图中可见,在干将坊西有西市坊、西市桥、利市桥、鱼行桥、鹅栏桥、穀(谷)市桥、丝行桥、鸭舍桥等有关商业市场的地名和桥梁。

涵村明代店铺 位于西山涵村,铺面临街而筑,房屋阔3间,宽10.28米,外貌和近代的"板门铺面"相似,但售货窗口采用上下启闭的阀门装置。

盛泽徽州庄面 明清时期,盛泽与苏州、杭州、湖州同为中国四大绸都,盛泽绸市交易集中于市河两岸,以中段善嘉桥一带最为密集,称为庄面。图为清代徽州庄面旧影,摄于20世纪50年代。

清末早点摊 早点供应以饼馒、汤面、馄饨、糕团为主,操此业者甚众,遍布苏州大街小巷。摄于清末。

民国小吃担 早点供应不讲究店面,甚至屋檐下即可。摄于1932年。

菜市场 熙熙攘攘的菜市场,摊主和顾客正在交易。摄于20世纪30年代。

点心铺 生煎馒头、小笼包子是苏州的特色点心。摄于20世纪30年代。

大饼油条铺 大饼、油条是苏州老百姓喜爱的早点。摄于20世纪30年代,旁边还有老虎灶。

第十章 店铺商社

街头摊贩 头戴瓜皮帽的老者出售蔬菜。摄于20世纪30年代。

冬日早点摊 顾客当街站立,捧碗而食。摄于1932年。

咸鱼摊 出售咸鱼和冬笋的摊头。摄于20世纪30年代。

交通银行常熟支行 1918年1月,交通银行在常熟设立支行,位于道南横街。摄于20世纪30年代。

恒孚银楼 苏州银楼业大户俗称"金子店",小户俗称"银匠店",统称银楼。恒孚银楼位于观前街,创建于清乾隆年间。在上海、常熟、无锡、盐城等地设有分店。

盛泽许义昌银楼 清道光年间开业,银楼设有工场,从事金银首饰铸造和买卖,并兼做金银条块、银圆等生意。民国时期,许义昌银楼资本额在同行中最高,为法币1.6亿元,月盈余额260万元。图为银楼旧宅。

观前街 1930年前后,观前街拓宽,大小商号纷纷扩建翻建。1934年9月,国货商场建成开业。抗战爆发后,阊门外商市遭日机轰炸,许多商号又迁至观前一带,观前地区形成苏城最繁华的商业中心。摄于20世纪30年代。

石路 清光绪年间,盛宣怀修筑了自阊门吊桥堍鲇鱼墩至姚家弄口大马路的石子马路,"石路"由此得名。随着沪宁铁路建成,自车站至阊、胥、盘门外辟为马路,金阊市面更加繁盛。1937年8月,日机频频轰炸苏州城,石路一带首当其冲,商号店铺化为废墟。摄于抗战前夕。

苏州总商会 1915年9月,苏州商务总会改称苏州总商会。图为苏州总商会会员宣誓大会,1928年8月摄于西百花巷商会礼堂。

苏州国货商场 1931年1月,吴县商会主席张寿鹏等发起筹建苏州国货商场股份有限公司,择址北局,于1934年9月3日正式开业。商场以经营国货为标榜,一时轰动江浙沪商界。图为商场大楼,摄于20世纪30年代。

国货商场铺面 苏州国货商场共有四层楼面。图为一楼绸布销售铺面,摄于20世纪30年代。

西中市 民国时期,由于道路拓宽,西中市的店铺商号和钱庄银行共有近百家之多。图为西中市沿街商店与摊贩,摄于20世纪30年代。

度量衡管理 民国时期,各种旧杂制、英美制的度量衡器充斥市场。1931年成立吴县度量衡检定所,推行以万国公制为标准的新制,废除旧制,统一度量衡。苏州商会也本着公平交易原则,对市场上使用的度量衡器进行校正。图为苏州商会秤杆校验处,摄于20世纪30年代。

常熟南市　常熟城区商业以县南街、寺前街、南市心、县西街最为繁华。图为南市国华棉布店开业,摄于1936年。

常熟寺前街店幡招牌　摄于1935年。

常熟绸缎商店　民国时期常熟城区有大小绸布商百余户。图为黄顺泰绸缎局,摄于1935年。

第十章 店铺商社

常熟寺前街 街道位于宋代慧日寺之前,故名。明清以来为常熟城区中心商业街道。摄于1938年。

常熟县南街 在旧县署之南,为明清以来常熟城区商业中心街道。摄于1938年。

吴江中山街 吴江松陵镇中心街市,因纪念孙中山先生而命名。摄于1935年。

农村合作商店 位于吴江开弦弓村。摄于20世纪50年代初。

小农具门市部 摄于20世纪50年代初。

农村信用合作社 农业合作化运动后,农村建立信用社,与银行营业所合并办公。图为沙洲县农村信用社,摄于20世纪70年代。

第十章 店铺商社

粮店 计划经济时代,全市国有粮店承担着粮油票证的核实、发放,计划粮油的凭票供应等任务。图中墙角管道为能发送糯米、粳米、籼米等多种粮食的发米机,摄于20世纪60年代。

煤球店 中华人民共和国成立后城市居民逐渐使用煤球炉,煤球店由此遍布全城。图为煤球店职工提高服务质量,将煤球屑筛去。摄于20世纪60年代。

观前街稻香村 创建于清乾隆年间。稻香村是国内久负盛名的苏式茶食店和中华老字号。摄于1964年。

365

杂品店 供应陶瓷、淘米篓、铁锅等生活用品的日用杂品店。摄于20世纪50年代。

流动卖菜车 为方便顾客,菜场派出流动车上门服务。摄于20世纪60年代。

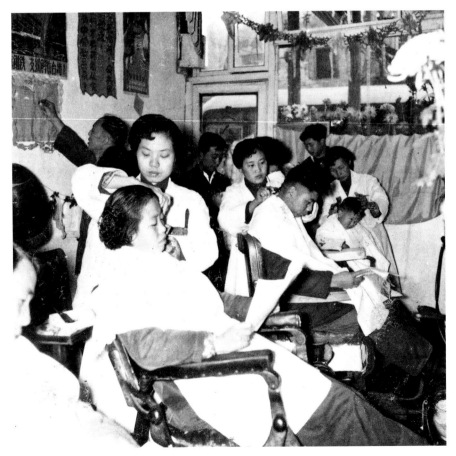

理发业 图为苏州市三八理发店,摄于20世纪50年代。

第十章　店铺商社

缝纫服务社　中华人民共和国成立后许多街道设有缝纫社,为居民服务。摄于20世纪60年代。

饮食业　苏州不少饮食店坐落在小巷深处,规模虽然不大,但很洁净。图为饭店职工在打扫卫生,摄于1959年。

照相业　清末西洋摄影技术和照相传入中国,民国时期随着电气事业发展,照相开始采用电光。图为20世纪50年代的照相馆。

乐乡饭店　位于观前街大井巷,曾是市政府招待所。摄于1967年。

苏州菜场　苏州菜场归口蔬菜公司,20世纪70年代时共有18家。图为友谊菜场(位于凤凰街),顾客正在挑选盆菜。

沐泰山堂药铺 创于清乾隆年间,在阊门外渡僧桥堍。药铺搜集名医验方秘方,悉心研制出肥儿八珍糕、虎骨木瓜酒、人参鳖甲煎丸、消痞狗皮膏、退云散眼药等成药。

浴室 苏州浴室,俗称混堂。各浴室为争取浴客,设置有名目繁多的服务,如擦背、敲腿、捏膀、摇背、捏脚、修脚、代买小吃等。图为宫巷清泉浴室服务员为老人穿衣。摄于20世纪70年代。

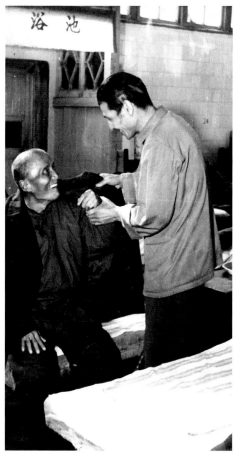

废品回收业 图为废品回收站职工将回丝煮洗后重新利用。摄于20世纪60年代。

南门商市建立 1951年9月,南门人民桥落成,南门成为苏州的南大门。1952年9月25日南门举办城乡物资交流会,交流会结束后固定为南门集市,此后南门商业区蓬勃发展。摄于20世纪50年代初。

城乡物资交流会 1952年9月,苏州利用南门新市场承办苏南第三次城乡物资交流大会。图为城乡物资交流会展销场景。

胥门农贸集市　1963年粮食部门在阊门、胥门两地,供销社在虎丘、横塘等5处设粮油交易集市。1979年10月,粮食部门在胥门恢复粮油集市,供销社在万年桥恢复贸易货栈营业处。图为万年桥大街集市,摄于20世纪70年代末。

阊门西街　阊门西街农贸市场,人头攒动。摄于1980年。

太仓城乡物资交流会 1979年,太仓县供销社、商业局、饮服公司等单位在太仓灯光球场(今中心广场)举办城乡物资交流会。

太仓城厢中心菜场 菜场设在平康里西端,该地由此得名菜市里。20世纪60年代迁至今武陵桥南堍,更名城厢集贸市场,又称大菜场。

常熟练塘农贸市场 1978年以后,集贸市场得到恢复发展。图为练塘农贸市场,摄于20世纪80年代初。

常熟招商场 1985年5月,琴南乡在沪宜公路与十苏王公路交叉口新建以服装、针织品为主的大型招商场。

三清殿画张铺

1955年9月，8家私营书店在三清殿组成玄妙观画片联合商店。图为三清殿画张铺，摄于20世纪60年代。

困难时期的街市

1958年"大跃进"运动之后，市场萧条冷落。图为1959年冬的吴江街市。

恢复时期的街市

从1961年开始，由于对国民经济实行了"调整、巩固、充实、提高"的方针，国民经济形势开始好转，工农业生产和市场供应出现了喜人的景象。图为1964年的吴江街市，摄于中山路。

苏州市人民商场 位于北局，前身是1934年9月创办的苏州国货商场。上图摄于1959年；中图摄于20世纪80年代；下图摄于20世纪90年代。

乾泰祥 绸缎呢绒商店，地处观前闹市，与玄妙观正山门隔街相对。创于清同治九年（1870）前后。1929年落地翻建成中西式三层楼房，一跃而为同业中数一数二的大店铺。摄于1999年。

玄妙观集市 玄妙观原是民国以来形成的集商品、饮食、民俗文化、游乐于一体的综合性市场。1979年后，逐渐恢复了花鸟市场、工艺品市场，玄妙观集市又热闹起来。摄于1992年。

苏州第一百货商店 位于人民路察院场口。摄于20世纪90年代。

苏州工业品商场 位于观前街察院场口,1990年落成开业,由市五金交电公司投资兴建。2003年五金交电集团总公司实行转制,成立苏州函数集团有限责任公司,将工业品商场改名为美罗商城。摄于20世纪90年代。

石路商场 1984年原石路百货商店改组成石路商场。2003年,实施石路步行街改造工程,商场拆除。摄于20世纪90年代。

吴县商业大楼

坐落在人民路饮马桥口,是20世纪80年代吴县最大的国营零售商场。摄于1990年。

苏州胥城大厦

位于三香路333号。1985年7月1日动工,由苏州市物资局投资,创下了当时苏州第一高楼和建设速度最快两项纪录。摄于1996年。

苏州竹辉饭店

位于竹辉路168号,饭店风格为水乡庭院式宾馆,临湖而筑,粉墙黛瓦,1997年被评为中国旅游业标志性饭店建筑。摄于1995年。

第十章　店铺商社

苏州雅都大酒店　位于三香路488号。1991年3月建成,1995年被评为四星级旅游饭店。摄于1996年。

苏州饭店　位于十全街345号,1989年被批准为苏州市第一家三星级饭店,1995年升格为四星级旅游饭店。摄于1996年。

中国东方丝绸市场　1986年10月11日,东方丝绸市场在盛泽镇开业,经营真丝绸、化纤织物等品种,以批发为主,1992年更名为中国东方丝绸市场。摄于20世纪80年代初创时期。

昆山商业街　昆山主要商业区位于正阳桥为中心的人民南路、北路,以及东侧的震川路、西侧的解放路一带。图为人民北路街景,摄于20世纪90年代初。

第十章　店铺商社

沙洲工业产品展销大楼　摄于20世纪80年代。

江苏常熟服装城　1985年,常熟对城南自发形成的自产自销的马路市场进行改造,创建服装城,从业人员20多万人。至2005年,服装城辖区建有招商场、纺交市场、八达市场、布匹市场、五金市场、小商品市场等6大管理片区,主要经销服装、针织品、布匹、装饰面料、床上用品、小商品、鞋类、五金、电器等商品。

381

《康熙南巡图·苏州篇》(局部)

第十一章　苏工苏作

在中国璀璨的工艺美术史上,苏州的手工技艺一直闪烁着奇光异彩。早在史前时代,先民们就以特有的聪明才智,创造出令人惊讶的原始工艺品。距今四五千年前的陶器以及玉璧、玉琮、玉璜等,都极其鲜明地体现了远古时期苏州地区手工技艺所达到的高度。

春秋战国时期,吴国的青铜工艺,在中国青铜工艺史上别具一格。秦汉时期,陶瓷、石雕工艺具有明显的时代性。特别是东汉时期,人们生活必需的各种工艺美术产品,发展十分迅速。六朝时织造工艺和刺绣等工艺品,开始在全国享有盛誉。隋唐盛世,苏州的琢玉、漆器、制瓷、泥塑、刻版工艺、金银器等,均达到很高的水平。宋元时期,刺绣、缂丝、宋锦、灯彩、泥人、扇子、苏裱、笔砚等,受到统治者和文人阶层的重视和青睐。明清之际,苏工苏作技艺水平达到鼎盛。

清末至民国,百花盛开的苏州工艺美术业日趋凋零、衰败,行业生产萎缩,广大艺人失业。中华人民共和国成立后,工艺美术犹如枯木逢春,获得了新生。在全国工艺美术产品24个大类中,苏州占有22个,门类齐全、品种繁多,工艺品日用化、日用品工艺化。一批设计精巧、制作精美,具有现代情趣的工艺实用品和装饰艺术品相继涌现,为苏州工艺美术这束绚丽多姿的花朵增添了光辉。

崧泽陶器 2010年1月，首次在长江中、下游地区的张家港金港镇南沙街道东山村发现了距今6 000多年的崧泽文化早中期高等级大墓群，这也是迄今为止发现的崧泽文化墓葬中随葬品最多的一次。北京大学考古文博学院严文明教授将其称为"崧泽王"。图为东山村遗址出土的陶器。

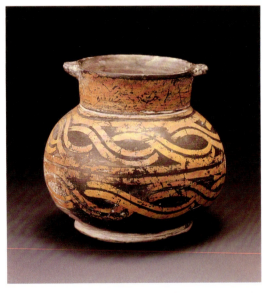

良渚彩陶 1974年车坊澄湖遗址出土，距今4 100~5 300年，彩绘陶贯耳壶，整器造型规整，彩绘色调明快，极为珍贵。吴中区文管会藏。

良渚黑陶壶精品 昆山绰墩出土，鸟纹阔把黑皮陶壶，胎薄如纸，乌黑漆亮，图案神秘繁复，线条流畅伸展，造型极富动态。昆山市文管会藏。

良渚江豚形陶壶 吴江梅堰袁家埭出土,泥质灰陶,形似江豚,憨态可掬,富有动态美。南京博物院藏。

玉琮 良渚文化的典型器,《周礼》有"以玉作六器,以礼天地四方,以苍璧礼天,以黄琮礼地"的记载,应是祭地的礼器。1973年草鞋山出土,距今4 500年。

玉璧 古代贵族朝聘、祭祀、丧葬时所用的礼器。这件玉璧是5 000年前良渚文化的典型礼器,张陵山出土。吴中区文管会藏。

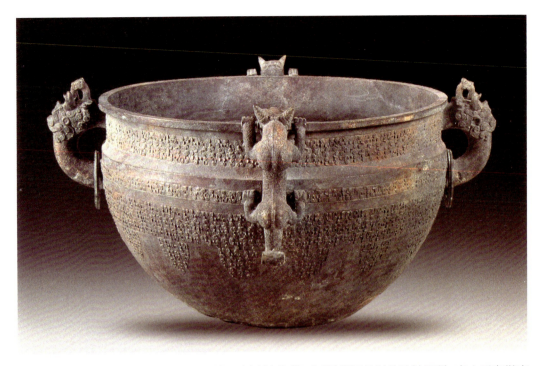

吴王光鉴　鉴是盛水器。此鉴为阖闾嫁女(或妹)给蔡国国君蔡昭侯时的陪嫁用具,出土于安徽寿县蔡侯墓。

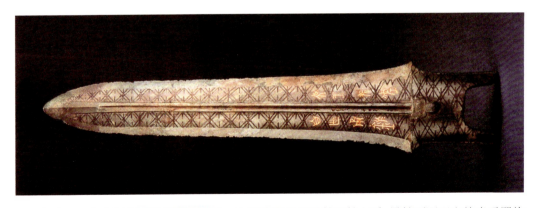

吴王夫差矛　出土于楚国首都郢都地区。这说明越灭吴及楚灭越之后,吴越两国王室的贵重器物都被楚国掳掠而去。该矛身有错金铭文两行八字:"吴王夫差自作用鎗"。

第十一章 苏工苏作

宋苏绣残片 苏绣是中国四大名绣之一,历史悠久,素以精细雅洁著称。此件乃虎丘云岩寺塔中发现,是我国现存最早的苏绣作品。

宋代缂丝 缂丝是我国将绘画移植于丝织品的特种工艺,织造时以生丝为经,色彩丰富的熟丝作纬,各色纬丝仅于图案花纹需要处与经丝交织。图为《凤穿牡丹图》,苏州博物馆藏。

南宋缂丝《青碧山水图》轴 故宫博物院藏。

南宋缂丝《梅花寒鹊图》轴 南宋吴地缂丝名家沈子蕃的代表作。故宫博物院藏。

彩织《极乐世界图》 清乾隆年间由苏州织造制作。故宫博物院藏。

缂丝加绣《九阳消寒图》 清乾隆年间由苏州织造制作。此图另有乾隆皇帝御笔所题七言律诗。故宫博物院藏。

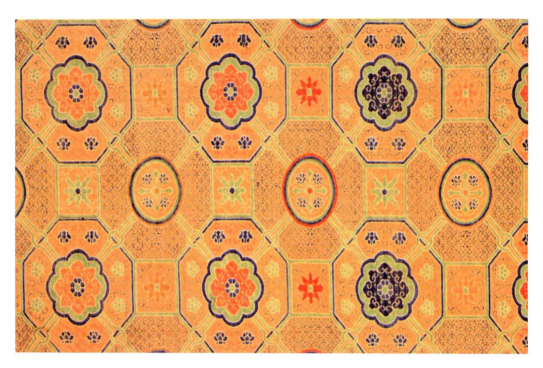

黄地彩花宋锦　　清乾隆年制。此锦图案规范,设色淡雅,是苏州宋锦的代表作。故宫博物院藏。

蓝地"万蝠寿"库金缎　　此缎是明清三大织造之一的苏州官营织造的精品,图案为"团寿"和"万蝠",寓意福寿无疆。故宫博物院藏。

苏贡皇室织锦缎 这六匹织锦缎是光绪三十三年(1907)苏州织造的真金丝织锦缎,于1974年6月由故宫博物院调拨苏州博物馆保存。

杜士元核雕 清代乾隆时期苏州核雕艺人杜士元的作品。橄榄核舟上设备齐全,全船六人大如米粒,舟上门窗尚可开启自如。常熟博物馆藏。

百子婴戏刺绣壁挂（局部） 苏州刺绣高手为清宫特制的垂挂喜帐。全图以多种刺绣针法，描绘百子婴戏的欢乐场面。

沈寿绣耶稣像 近代著名苏绣艺术家沈寿作于1915年。她运用多种刺绣手法，将耶稣像的光、影、形完美地再现出来，极富艺术感染力。

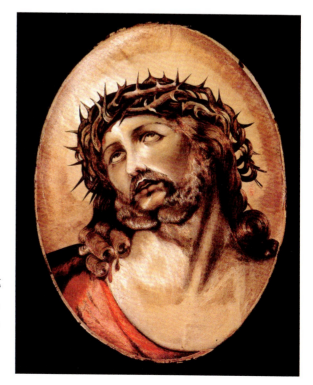

唐嶀村石凤字抄手砚 嶀村位于灵岩山下,以产砚闻名。

宋灵岩石鱼肚白穹天砚 《东京精华砚谱》中收录。

明蟹壳青方城砚 选材木渎灵岩石制作。

清顾二娘端砚 顾二娘,清代著名制砚家,苏州人。图为《中国古砚谱》中收录的顾二娘绵绵瓜瓞砚。

第十一章 苏工苏作

北宋白玉发冠 吴县金山出土,发冠用羊脂玉雕琢,四面雕重叠的莲花瓣,造型自然,发簪用碧玉料,质地温润纯净,色泽澄碧。南京博物院藏。

陆子冈玉合卺杯 陆子冈,明嘉靖、万历间苏州人,琢玉名家。此玉合卺杯是结婚大典的珍贵玉雕工艺品,明中晚期某帝王结婚时用的重要贡品。故宫博物院藏。

明碧玉蟾 此蟾用重达25.5千克的整块天然碧玉,经苏州工匠精心雕琢而成,外观生动逼真。苏州博物馆藏。

清碧玉双耳八棱番莲大洗 此器呈八边形,用优质菠菜绿碧玉雕成,抛光技艺精湛。苏州博物馆藏。

银作名匠朱碧山 把酒具制作成槎形,是元代著名银匠朱碧山所创。朱碧山传世作品仅槎杯一种三件,一件藏北京故宫博物院,一件在英法联军火烧圆明园时流落海外,还有一件出土于吴县藏书乡社光村。图中此件是惟一出土品,现藏吴中区文管会。背面槎尾上刻"至正乙酉朱碧山造",可知此器制于公元1345年。

如意纹金盘 1959年出土于苏州虎丘山北元代宣慰副使吕师孟墓,器形为四出凸起的如意头叠加组合成的菱花式,反映了元代苏州金铸制造业的高超水平。南京博物院藏。

女金冠 元末张士诚父母合葬墓出土,冠前沿缀有镶金边的玉饰,上面分别刻有鼠、虎、牛、羊、兔等生肖。苏州博物馆藏。

元代金镯 张士诚父母合葬墓出土,为其母曹太妃棺内随葬物,金镯一对,环以圆珠连接成龙身,两首相对,形成双龙夺珠之势。苏州博物馆藏。

第十一章 苏工苏作

红雕漆海兽圆盒 清代《造办处活计档》记载,此盒于乾隆十九年(1754)由苏州工匠制成,费时一年半,可谓精心雕琢之作。它以大小、形状完全相同的两个半圆盒吻合而成,以子母口分出器身和盖,在制作工艺上要求不能有丝毫之差,当时定做三件,现仅存此一件。故宫博物院藏。

明金蝉玉叶饰件 吴县五峰山墓葬出土,因蝉俗称"知了",故此件又有"金(知)枝玉叶"之称。

宋真珠舍利宝幢 1978年在瑞光塔第三层天宫中发现,主体用楠木构成,分须弥座、佛宫、刹三个部分,其构思独特,造型优美,综合了当时木雕、描金、玉雕、穿珠以及金银细工等多种工艺技术。苏州博物馆藏。

宋土偶 《岁时广记》谓土偶"惟苏州极巧,为天下第一"。

清泥人《少妇哺婴》 明清两代苏州虎丘、山塘一带云集了泥塑名工巧匠,《少妇哺婴》表现母子间亲情爱意,极其生动。苏州博物馆藏。

苏州绢泥人 绢泥人为苏州泥塑工艺中的一支,其人物面相用著名的姜思序堂颜料敷彩着色,须发冠服制作精致,形象生动,因而驰名江南。图为近代作品,塑造的是《长坂坡》(左图)和《金雁桥》(右图)两出古装折子戏戏文中的人物。

保圣寺唐塑罗汉像
相传为唐代塑圣杨惠之作品,图为其中的影壁达摩祖师和降龙罗汉彩塑。用直保圣寺古物馆藏。

云岩寺观音檀龛
以栴檀造佛像,始于印度,南北朝时传入我国,至唐时渐有造作,但我国现存唐檀刻佛像极少。图为1956年在虎丘云岩寺塔内发现的五代时期的观音檀龛,是我国木雕艺术不可多得的精品。

保圣寺唐代经幢 东汉末年苏州石雕工艺已经产生。图为保圣寺唐代经幢,建于唐大中六年(854),宋皇祐五年(1053)重建。

双塔寺宋代石雕 石柱周围环绕着4～6条垂直的带状浮雕花纹,有牡丹、莲花、童子等纹样,下面柱础上也有花纹。

石观音殿遗址 在虎丘冷香阁北,下临千人石。北宋熙宁七年(1074)建,"文化大革命"时期,石刻被毁,殿被拆,原址改建茶室。2005年底,拆去茶室,发现石观音殿遗迹。经发掘清理,宋代武康石殿基保存完整。

木函彩绘四天王像　宋代真珠舍利宝幢之木函,彩绘四天王像。苏州博物馆藏。

明式家具　苏州是我国明式家具的主要发源地,产品以造型简练、讲究线条、做工精细、气韵雅重驰名全国。图为出土于上海地区的明万历年间制作的一套微缩红木家具,是研究明代家具组合、造型、结构、装饰等的重要实物资料。

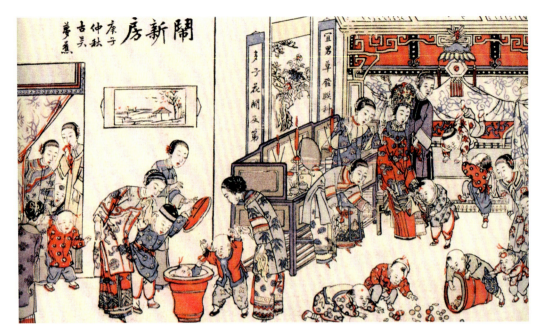

桃花坞木刻年画 苏州的桃花坞曾是江南民间年画生产的荟萃之地。图为清代精印的《闹新房》。

清建筑木雕 太平天国忠王府木雕丹凤朝阳。

鼻烟壶 清代苏州为鼻烟壶制作重要地区,其制作工艺极为讲究,用材广泛,集雕琢、书法、绘画等各种技艺于一身。苏州博物馆藏。

常熟第一期女子刺绣班　摄于20世纪30年代。

手艺表演　吴县缂丝、刺绣艺人在日本京都南禅寺展现手艺。摄于20世纪80年代初。

《康熙南巡图·苏州篇》(局部)

第十二章　园林园艺

苏州园林溯源于春秋，发展于晋唐，繁荣于两宋，全盛于明清。明中叶至清中期，苏州号称半城园亭。据旧志载，在原吴县、长洲、元和境内，先后累计有300余处。

太平军与清军之战，园亭几尽为废墟。战后逐渐恢复，李鸿章及淮军将领以巨款创建安徽会馆，并筑祠堂、公所、别墅，重葺惠荫花园。张之万、盛康、李鸿裔、顾文彬、吴云、任道镕等既为显宦，又谙金石书画，陆续兴修园墅，或与义庄、祠堂相合。补园、残粒园等则由富商营建，成为衰落之前的最后一次造园高潮。进入民国后，社会动荡，部分宅园不得不设游艺场及收门票勉强维持。1913年秋，半园（南）、鹤园、畅园、遂园相继开放，苏州仍为名流富商乐于憩息之地，显宦新贵和学者骚人以及富商大户等先后在苏兴建宅园，但规模逊昔，风格亦以中西合璧或西式居多。至苏州解放前夕，除拙政园、狮子林少数园林外，大多数园林名胜残破失修，凄凉满目。

中华人民共和国成立后，市政府组织抢修留园等10余处濒于湮没的名园胜迹，向人民群众开放，但20世纪50年代中期对私房改造后，庭园被用户随意处置，填水池、拆假山、改亭廊作辅房的比比皆是。"大跃进"期间，街道纷纷利用深宅大院办工业，部分工厂则扩建厂房毁园造屋。经历数次波折，创巨痛深，古典园林和庭院总数在80年代初比50年代初期减少了三分之二。

中共十一届三中全会后，开始整修恢复园林名胜，又新葺艺圃、曲园、环秀山庄、盘门景区、石湖景区等，建成了苏州最大的现代公园东园，在虎丘新建全国最大的盆景园之一万景山庄。1979年后古典园林建筑工程建设单位陆续为美国、日本、加拿大等承建园林，开古典园林建筑艺术向国外出口之先河。

1997年12月4日，联合国教科文组织批准苏州古典园林（拙政园、留园、网师园、环秀山庄）列入"世界文化遗产名录"。2001年11月30日，沧浪亭、狮子林、艺圃、耦园、退思园作为苏州古典园林增补名单，也被列为世界文化遗产。

植园 位于苏州文庙西侧。清宣统年间江苏巡抚程德全为行新政，封闭原凤池庵，连同周边土地开辟成为农桑之所，至民国元年成为游览之地，后废，址在今新市路半导体总厂。

五亩园 位于桃花坞。北宋熙宁年间梅宣义居此，又称梅园，置有清池奇石。建国后在此建设林业机械厂时园废。摄于20世纪50年代初。

南园 位于太仓城厢。明阁老王锡爵赏梅种菊处，民间亦称"太师府"，占地30余亩，其孙清初画家王时敏又加以拓建，为清代太仓园林之首，数度破旧荒芜。摄于清末。

第十二章　园林园艺

羡园　在木渎山塘街王家桥畔。前身为清道光八年（1828）诗人钱端溪所筑端园。光绪二十八年（1902）归于富商严国馨（严家淦祖父），经重修更名羡园，俗称严家花园。摄于1936年。

亦园　址在今太仓党校内。初建于清道光年间，咸丰年间毁于战火。光绪初，蒋亦榭鸠工重建，全园屋脊构成一条龙形，首尾不绝，门窗雕刻，无一雷同。摄于20世纪30年代。亦园于20世纪90年代拆除。

壶园　在庙堂巷7号，旧潘宅。童寯《江南园林志》称，小园以畅园及此园最佳。20世纪60年代因仪表元件厂扩建而全毁。摄于20世纪30年代。

瞿园　建于清代，位于苏州阔家头巷。摄于20世纪30年代，今废。

405

半茧园 位于昆山老城区察院前之东（今昆山市第一人民医院内）。明嘉靖二十五年（1546）吏部左侍郎、著名藏书家叶盛之玄孙叶恭焕所辟，时为江南名园，堪与太仓南园、南翔古猗园媲美，今废。

耕乐堂 在同里镇上元街，原系明处士朱祥所居。建筑群由住宅和花园组成。花园尚存鸳鸯厅、燕翼楼、环秀阁以及荷花池遗迹。

锄经园 位于震泽师俭堂，建于清同治三年（1864）。摄于1986年。

第十二章　园林园艺

天池山景区建设　驻苏部队指战员帮助天池山景区疏浚池水。摄于20世纪80年代初。

苏州园林申遗　1998年5月25日,建设部、国家文物局、中国联合国教科文组织全国委员会在首都人民大会堂举行仪式,对中国列入《世界遗产名录》的苏州园林等19处文化及自然遗产颁发标牌、证书。图为苏州代表领回的标牌。

拙政园 位于东北街,建于明嘉靖年间。御史王献臣解官归田后,以大弘寺址拓建为园。

狮子林 元至正二年(1342)天如禅师惟则在苏弟子买地结屋为天如居。宋徽宗时期金兵入汴,异石散布各地,其中一部分运置此处,其中最高者状如狮子,园以此命名。

第十二章 园林园艺

留园 在阊门外留园路,明中叶徐氏所建。清乾隆末,东山刘恕得而扩建。道光三年(1823)开放,人称刘园。同治年间为盛康购得,易名为"留园"。

沧浪亭 在文庙东,宋代诗人苏舜钦移居苏州,得五代吴越国广陵王钱元璙池馆旧址构建。

网师园 在带城桥阔家头巷11号,清乾隆年间光禄寺少卿宋宗元在南宋万卷堂故地建园。

409

退思园 位于吴江同里镇,俗称任家花园,清光绪十一年(1885)原凤颍六泗兵备道任兰生营造,园名取"退思补过"之意。荷花池中有一石舫名"闹红一舸",整个园林临水而建,别具风格。

艺圃 在阊门内文衙弄,明嘉靖年间礼科副使袁祖庚弃官归隐于此,后宅园为文震孟所得。

耦园 在平江路小新桥巷6、8号,清同治年间沈秉成购得涉园废址,聘画家顾沄等筹划,扩地又建西花园,乃成东西两园。

环秀山庄 在景德路刺绣研究所内。清乾隆年间大学士、杭州孙士毅得此宅,厅前假山为常州戈裕良杰作。

五峰园 在阊门内五峰园弄,明嘉靖年间尚书、长洲人杨成始筑,园内有五座太湖石峰。

可园 在沧浪亭北,原为沧浪亭一部,清雍正年间江苏巡抚尹继善始建。

鹤园 在韩家巷4号，清光绪三十三年(1907)道员洪鹭汀居此，在宅西建园。

听枫园 在庆元坊12号，清同治三年(1864)苏州知府吴云筑宅于此。

怡园 在人民路乐桥北堍，浙江宁绍台道顾文彬建于清同治十三年(1874)。

曲园 位于马医科43号,为晚清学者俞樾宅园。因其形与篆文"曲"字相仿,又园中凿一凹形小池也似"曲"字,故名曲园。

柴园 在醋库巷44号。清上虞柴安圃定居苏州后购得此宅,宅西南辟园,落成于光绪九年(1883),人呼柴园。

半园(北) 在白塔东路82号,俗称北半园。清咸丰年间为道台安徽陆解眉购得,直至1949年尚有陆氏后裔居此。1954年起,先后在此办平江木器盆桶社、织带厂等,后为第三纺织机械厂生产车间,20世纪80年代修复。

畅园 在养育巷庙堂巷22号副门。"文化大革命"中破坏严重,湖石假山被毁,部分水池填塞,黄石驳岸坍入池中,园东北角被占,四面厅、5座小亭与曲廊均被拆毁,仅存基址及水池曲桥,名贵花木遭砍伐,现已修复。

残粒园 在装驾桥巷34号,始建于清代,光绪年间为扬州盐商姚姓所有。1927年后,归画家吴待秋,后为其子吴门画派研究会会长吴䍩木宅园。原称东园,后吴待秋取唐杜甫句"香稻啄残鹦鹉粒"意,命名"残粒园"。

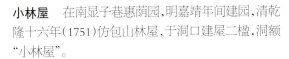

小林屋 在南显子巷惠荫园,明嘉靖年间建园,清乾隆十六年(1751)仿包山林屋,于洞口建屋二楹,洞额"小林屋"。

第十二章 园林园艺

朴园 在校场桥路8号。1932年上海蛋商汪氏在此建造二层西式楼房及花园,现为桃花坞年画博物馆。

塔影园 在山塘街845号。原为明文徵明孙肇祉别墅,名海涌山庄,因凿池及泉,池成而塔影见,更名塔影园。光绪二十八年(1902)建李鸿章祠,园亦归祠内,又名靖园。

慕园 在富仁坊巷70号市邮电局内,传为太平天国时慕王谭绍光府第。

文徵明手植藤 明嘉靖十二年(1533)文徵明为王献臣绘拙政园卅一景图,并在园门内栽紫藤一株,现位于太平天国忠王府庭院内。清光绪三十年(1904)江苏巡抚端方在藤架下树碑"文衡山先生手植藤"。

第十二章　园林园艺

盘门景区　位于古城西南隅,以盘门、吴门桥、瑞光塔"盘门三景"为主修扩建而成。有牌楼、塔院、四瑞堂及钟鼓楼、灵龟池、丽景楼、伍相祠诸景,1999年国庆节起对外开放。

苏州乐园　位于苏州高新区,1997年由苏州新区经济发展集团总公司和多家中外合资企业以狮子山为依托,联合投资建成的主题乐园,由水上世界和欢乐世界两部分组成。图为苏州乐园开园时的场景。

417

万景山庄 位于虎丘山东南山麓,是一座荟萃苏派盆景精华的专业盆景园,园内地域原系东山庙、大德庵、绍隆塔院遗址,1982年10月1日建成开放。

苏州动物园 位于白塔东路,1953年4月建造,四面环水,为放生及饲养动物之所。1986年,在动物园南侧内城河上建三孔拱桥一座,与东园联通,2016年4月动物园迁至上方山森林公园。

清奇古怪 位于光福司徒庙内,相传为东汉邓禹手植的柏树四株,其树苍劲、古朴、奇特,清乾隆皇帝取名"清、奇、古、怪"。

仁本堂庭园 位于西山镇堂里村,清康熙年间建造。徐洽堂、徐赞尧在祖屋地基上扩建而成,清道光元年(1821)正厅竣工,取名仁本堂。全楼上下约有砖、木雕刻图案3 100多块,被誉为西山雕花楼。图为堂前庭园池塘。

文笔峰 在昆山玉峰山西部紫云岩之上,相传宋孝宗时见魁星于此,是为纪念昆山第一位状元卫泾所立,明万历四年(1576)知县申恩科移建于现址。

亭林公园 在昆山马鞍山（亦名玉峰山）东麓。创于清光绪三十二年（1906），初名马鞍山公园，1936年为纪念乡先贤顾炎武先生，更名为亭林公园。图为亭林公园遂园遗址梅花墩景区，摄于20世纪80年代。

琼花 被誉为"玉峰三宝"之一的琼花，每年暮春绽放，色白香雅，古有"天下无双独此花"之说。民间有隋炀皇帝三下扬州看琼花的传说。现亭林公园内有6棵琼花，其中1棵盘根错节，已有200年以上历史。

昆石 被誉为"玉峰三宝"之一的昆石，产于玉峰山，因其洁白晶莹，玲珑剔透，峰峦嵌空，千姿百态，故又称"玲珑石"，是室内陈设佳品。宋代大诗人陆游有"雁山菖蒲昆山石""一拳突兀千金值"之句。

赵园 位于常熟城区西南隅翁府前。始建于明万历年间,清嘉庆、道光间为吴峻基所有,初名水壶园,又名水吾园。清同治、光绪年间阳湖赵烈文寓常熟购得此园,俗称为赵园。

燕园 位于城区辛峰巷18号。初名蒋园,清乾隆间台湾知府蒋元枢建,后为族子蒋因培所有,请常州名手戈裕良堆建黄石假山,名"燕谷",因名燕园。

之园 在常熟城区西南隅荷香馆。又名九曲园,习称翁家花园,系清光绪间翁同龢侄子、布政使翁曾桂所筑。该园现由市人民医院使用,原有园景大部分已废。

曾园 又名虚廓园，位于常熟城区西南隅翁府前。原为明御史钱岱"小辋川"东部遗址。清同治、光绪间刑部郎中曾之撰营为家园，取名虚廓居，亦为其子曾朴故居。

墨妙亭 原在太仓淮云寺中，此寺为元代顾信舍宅而建。顾信与书法家赵孟頫私交甚厚，其辞官归故里时赵孟頫临别赠书《归去来辞》等两幅墨宝，顾回太仓后即勒石供之，筑亭翼之，起名为墨妙亭。1983年移建于太仓人民公园西侧。

第十二章　园林园艺

美国纽约的中国庭院
1980年1月至5月，苏州派专业人员在美国纽约大都会艺术博物馆，以网师园殿春簃为蓝本，建成"明轩"庭院。馆方对庭院给予"工程质量达到了值得博物馆和您的政府自豪的标准"的评价。

加拿大温哥华逸园
1985年3月至1986年4月，苏州派专业人员前往加拿大温哥华中山公园建成逸园。该园获国际城市协会"特别成果奖"和温哥华城市协会"杰出贡献奖"。

新加坡蕴秀园　1991年5月至1992年3月，苏州派专业人员前往新加坡裕华园内建成，为东南亚地区唯一完整和具代表性的苏州古典盆景园。